北極 光之旅

從基律納——到——伊盧利薩特，
那些夢幻國度的尋光際遇

廖冠翔——著

✳ 推薦序

洪家輝
《給未來的極光旅人》作者

　　近年來隨著旅遊風氣的轉變，很多人在規劃出國的行程上，希望能夠安排一個獨特的深度旅遊，無論是探訪風土民情、歷史人文或自然景觀的選擇，都會跳脫往昔常見的蜻蜓點水式的走馬看花，竭力追求個人興趣與夢想的滿足，因此在眾多選項中，觀賞一生必看的極光無疑也被列入必選清單內。

　　對居住在亞熱帶地區的我們來說，唯有前往較高緯度的極圈地帶，才有機會親眼目睹極光精美絕倫的曼妙身影。就在今年的五月與十月分別發生了一次太陽磁暴襲擊地球的事件，平常只有在極圈附近才看得到的極光，居然連中緯度地區都籠罩在極光橢圓區內，全球各地遂掀起了一陣觀賞熱潮，各個網路平台上也充斥著數不盡的極光照片和影片。

　　本書作者在三年間出國五趟走過八個國家，為的就是要親炙嚮往已久的極光，書中不但詳盡介紹了追光過程中的所見所聞，對於必須在嚴酷的低溫環境下拍攝極光所經歷的種種體驗，更是令人難以忘懷。透過本書，相信對有心追尋極光的旅人在行程規畫上都能有相當程度的助益。

　　極光的形成與否跟太陽有直接關聯，而太陽本身的黑子活動有十一年的循環週期，科學家預估目前已漸漸要進入明

年的極大期，極光出現的頻率相對也會增加，讀者不妨現在就為自己安排一趟難忘的視覺饗宴之旅吧。

2024年11月4日

✳ 自序

　　旅行，對生活來說有重大意義。每個旅人心中都有嚮往的景物、事物、地點，可能是世界各地的名勝山水、人文薈萃的寺廟古蹟，可能是振奮人心的活動體驗、難以忘懷的在地故事，也可能是超越極限的自我挑戰、遠離塵世的內心探索。

　　對我而言，前往極地夜空觀看極光，早已是心中夢想的種子，只是在過去一直無法萌芽，相信對許多人來說亦是如此。儘管在螢幕、書章雜誌上也能看見專業攝影照片，但有些事情，如未親身經歷感受，就無法瞭解當下心中的悸動與感動。

　　生活中的瑣事總讓我們對於安排一趟旅程有所考量，但如果不開始研究，則只是空談，如果不著手規劃，就無法實現。對於大多數讀者來說，可能除了工作上需要請假，在繁忙之餘抽出時間來規劃行程也非易事。關於這方面，我完全能理解，因為我也是這樣的情況。實際上，並非每次的旅行想法最後都能按照既定時間成行，因工作忙碌而無法抽空規劃的情形時有所聞。但靠著渴望看到極光的動力，即使有所延遲，平時還是不忘提醒自己有這麼一個待辦事項。

　　還記得第一次計畫極光旅行的時候，就花了大量時間查找資料，中間還一度因為麻煩而想放棄。當時甚至抱著一絲希望，想說如果沒有找到同行旅伴，就有取消的理由，現在回想起來實在覺得好笑。所幸，後來找到了兩位對極光也有

興趣的朋友，他們的加入成為一股推力，讓我得以繼續完成旅行規劃。在有了經驗之後，是否有旅伴已經不是旅行的必要條件。由上可知，我稱不上是行動力很強的人，行程規劃有時候也是一延再延，但最後還是踏出了第一步，所以只要動機足夠，相信你一定也可以。

本書整理了從2016年10月到2019年10月這三年之間，我五次前往不同國度的尋光際遇，涵蓋適合欣賞北極光的所有八個國家。除了極光的部分，內文還包含了一些在地景點介紹、旅程中的所見所聞，並輔以許多用心拍攝的照片，期能讓讀者在閱讀之時，瞭解各地不同的特色、景觀與文化，有助於選擇前往哪些地點觀賞極光。附章中並提供極光旅行常見的問與答，協助解答多數旅人對於看極光的疑難雜症。不論是想規劃旅行，或只是想瞭解內容，相信都會有所幫助。

2019年底一波新冠肺炎疫情爆發，對國際旅行產生莫大影響，幸能在疫情之前完成這些旅行，否則或許也不會興起寫作此書之意。本書於2021年11月開始撰寫，由於工作的關係，中間斷斷續續地整理，直到2024年4月始完成初稿。在整理時，發現俄羅斯部分的相機極光照片竟被勒索病毒封鎖了，整個晴天霹靂，後來因為當時有製作縮時攝影，才從影片中逆向還原出少數珍貴的照片，在失去的眾多照片中勉強提出一點作品，已是不幸中的萬幸。

感謝每次同行的旅伴，因為難能可貴的緣分，我們在這些令人珍惜的旅行日子裡守護著彼此。也感謝旅行中給予熱心協助的任何人，讓行程得以順利進行。還要感謝家人，如果沒有你們的支持，就不會有本書的這些經歷。最後，感謝也想前往尋訪極光的你給我機會，透過此書，幫助你對極光

旅行有更深入的認識。

2024年4月18日

目次

推薦序／洪家輝／2

自序／4

Chapter 1　瑞典、挪威、芬蘭
Sweden, Norway and Finland

啟程／11

邊境／13

初來／16

第一次遇見極光／18

北極圈第三大城／22

持續向北／25

極光哈士奇／29

銀色大地／33

聖誕老人村／36

Chapter 2　加拿大
Canada

黃刀鎮／41

極光村／43

冰城堡慶典／47

重返極光村／50

雪地活動初體驗／54

極光大爆發／57

Chapter 3　阿拉斯加
Alaska

一人成行／63

森・山／64

費爾班克斯／69

珍娜溫泉／72

北方極地博物館／76

珍娜湖／77

Chapter 4　俄羅斯
Russia

走進西伯利亞／83

冰上行車／86

遺世境地／89

極地首都／95

森林小屋／98

零下二十度／105

Chapter 5　冰島、格陵蘭
Iceland and Greenland

冰火交織的島嶼／111

地景地貌大教室／115

冰雪世界／120

極地健行／123

超越極光帶／126

冰海奇航／132

極光再現／138

附章・極光旅行 Q & A
Questions and Answers about Aurora Travel

極光如何形成／146

極光顏色／147

極光形狀／148

極光活躍程度／151

極光預報／152

什麼地點適合看極光／154

什麼季節適合看極光／157

看極光方式有哪些／158

極光旅行天數與費用／160

提升看極光成功率／161

如何拍攝極光／162

後記／165

Chapter 1

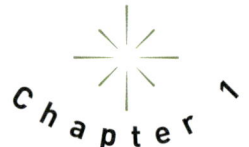

瑞典、挪威、芬蘭

Sweden, Norway and Finland

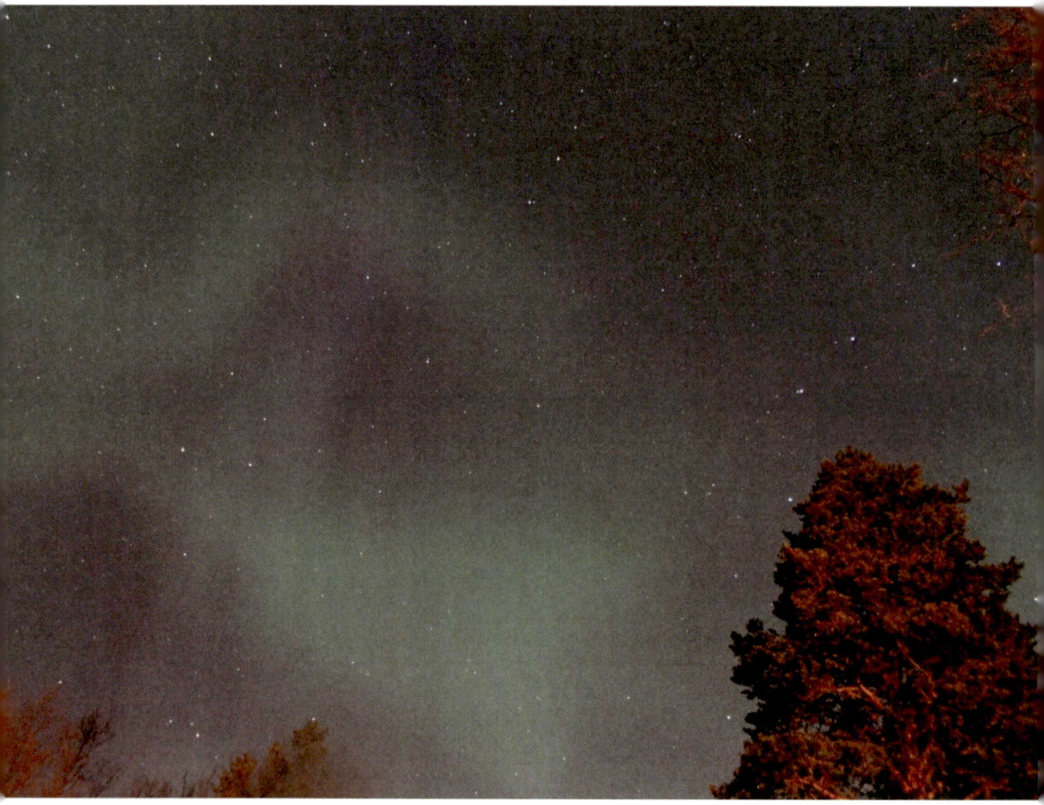

即使過了午夜，天空仍不時訴說著光的故事，且這故事，從來未曾相同過，讓旅人無論如何都想繼續看下去。

❋ 啟程

2016年3月初，趁著上次旅行的動力還未褪色，前往極地觀看極光的念頭不斷在腦海中縈繞著，內心的聲音告訴自己：「是時候了！」那些看似遙遠、氣候嚴寒的地方，頓時成為下次的旅行目標。從查找資料、參考前人記事，到安排行程、尋找旅伴，就用了好幾個月的時間。2016年10月初，終於，一切就緒，準備出發。現在，就只剩下祈禱天氣理想而已。

出發！帶著既期待又害怕落空的心情，在完成入境手續後，我與兩位同行旅伴在芬蘭赫爾辛基（Helsinki）機場航廈內會合。他們比我早幾天來到這座人文風情濃厚的城市，原本還打算搭乘渡輪到對岸的愛沙尼亞塔林（Tallinn）遊覽，惟後來因行程緊湊而作罷。

路線規劃是旅行前的必要步驟。

赫爾辛基機場內的標示牌多半帶有芬蘭文、瑞典文、英文、中文、日文及韓文。部分餐廳菜單也會有中文的版本。

　　赫爾辛基機場，全名為赫爾辛基—萬塔（Helsinki-Vantaan）機場，是芬蘭最繁忙的國際機場。時值中國大陸國慶連假期間，機場內的商家掛著不勝枚舉的促銷布條，上面用大型中文字體寫著買一送一等優惠，讓人不注意到也難，國際上預期中國遊客的購買能力，在此可見一般。

　　這是我第一次來到歐洲。「什麼！第一次來歐洲旅行就來北歐？」看著旅伴們驚訝的眼神，我笑著解釋道：歐洲其他地區固然也有許多特色景點，但對我來說，吸引程度可能還是比不上觀賞極光。他們雖然去過歐洲其他區域，但也是第一次踏進北歐，興奮之情不在話下。

　　一旁牆上的時鐘顯示著早上6:52，我打了一個哈欠，感覺仍有些疲憊。儘管如此，在等待轉乘國內航班的同時，我好奇地四處走看，設法嗅出一點北歐文化的氣息，心裡則是想著，這趟專門為了觀賞極光而安排的旅程，身為主揪的自己，對行程內容多少也得負起一些責任才行。

國內航班抵達羅瓦涅米（Rovaniemi），在幅員廣闊的地帶，如果規劃要在多個鄰近國家間的城市移動，那麼開車會是一個不錯的選擇。考量在不同地點取、還車會增加一筆運輸費，我們的行程規劃取、還車都在此處，也因此是走一個O型路線。

　　由於羅瓦涅米緯度尚未進入極光帶，這邊就待之後回程時再順道遊覽即可，而我們規劃第一晚看極光的地方，其實並不在芬蘭，而是在瑞典！

❊ 邊境

　　在仔細檢查車況後，便往西北方向出發，不久，我們在人生中達成了第一次的北極圈跨越。若說這趟旅行是公路旅行，其實一點也不為過，我們規劃在瑞典、挪威、芬蘭幾個北方城市間尋訪極光，而行程內容主要就以夜觀極光為主，

若說這趟旅行是公路旅行，其實一點也不為過。加油站幾乎全為自助式服務。

在芬蘭境內行車,不時會經過各大小型湖泊,著實無愧「千湖之國」的稱號。

　　再額外穿插一些白天的景點,有一定比例的時間則是駕車在公路上奔馳。

　　第一次在海外開車,一切都覺得新奇。事實上,北歐是許多行車安全措施的起源地,諸如安全帶、日行燈等車輛配備都是由此處向外推廣。這裡白天、夜晚都需開啟大燈,其用意是因應多變的天候狀況,以及讓遠方的車輛駕駛可以

提前注意到你。此外，在這邊行車也需留意可能穿越道路的動物。

　　加油站幾乎全為自助式服務，在人口較多的地區則帶有商店、停車場，形同一個休憩區域，一些舟車勞頓的駕駛，會選擇停在此處小睡片刻。部分公共廁所要求使用者付費，有些餐廳內的廁所也是。

　　為了觀看極光，得駛往高緯度地區。極光帶，大致是以地磁極點為中心所畫出兩個同心圓之間的區域（嚴格來說為近似橢圓，又稱極光橢圓），而因極光活躍程度是隨時在變動的，所以這個區域的寬廣也會隨著Kp值（Kp Index）的不同而有所差異。

　　Kp值指的是極光指數，是介於0到9之間的整數，數值越高，代表當下地球上空的極光越活躍，極光覆蓋範圍越大。一般而言，視Kp值＝2為平均的狀況，於此情況下，芬蘭大約要在北緯68度以北，挪威大約是北緯67度以北，瑞典介於兩者之間，冰島則幾乎全境皆在極光帶內。

　　寬廣的天空、森林、單一的道路，是在地廣人稀區域開車的最佳寫照。我們在科拉里（Kolari）附近進入芬蘭邊境，眼前是一座筆直的橋，橋跨越了一道河。過了這座橋後，就是瑞典了。只見路側的標示牌大大地寫著──瑞典，旅伴們興奮地跳下車，在這座具有意義的橋上拍照起來。

　　時值當秋，河的兩岸盡是秋意濃厚的針葉林，美不勝收。河的表面像是鏡面，清晰地映著天空、雲朵、樹林，以及遠處的小木屋。地平面像是正反世界中間的夾層，沿著河流，與天際線重合在無盡的遠方。

寬廣的天空、森林、單一的道路（左上）。過了這座橋後，就是瑞典了，在申根公約國間的連接道路，國界就是如此簡單（左下）。河的表面像是鏡面（右）。

❋ 初來

　　瑞典有21個省分，我們第一次來到瑞典，就從最北邊的北博滕省（Norrbotten）進入。這是瑞典最大的省分，占了全國24%的面積，人口卻只有全國的2.4%，人口密度為全國最低（每平方公里2.6人）。

　　鄰近邊界有一處商家，提供各式各樣的生活用品販售，以及免費的茶水、牛奶和大塊球狀巧克力，我們僅稍作停

冰旅館園區。（Malin_BC提供）

留後便繼續前進。在前往基律納（Kiruna）市中心的路上，還會經過國際知名的冰旅館（Icehotel），儘管來的時節較早，無法參觀，但這個極具特色的景點仍值得一提。

　　座落於人口僅500多人的Jukkasjärvi小鎮內，冰旅館是世界上第一間使用冰雪築成的旅館。它選用了大量托納河（Torne）裡的巨大天然冰塊打造而成，即便是內部的設施，也是充滿了冰雪元素，冰雕藝術在此發揮得淋漓盡致。由於室內溫度需長期保持在攝氏零下5度，因此在氣溫不夠

| Chapter 1　瑞典、挪威、芬蘭 | 17

低的季節是無法營運的,可以入住的時節通常介於12月到隔年4月之間,每年的風格及特色也大不相同。不過,入住的費用相當高昂,大部分旅人都是選擇前往參觀及拍照而已。

來到第一個晚上要停留的城市——基律納,這是瑞典最北方仍具有一定規模的城市,人口約2萬3千人。位處北極圈以北大約150公里處,基律納每年5月底到7月中為永晝,12月中到隔年1月初則為永夜。附近有著名的阿比斯科國家公園(Abisko National Park),而瑞典最高峰——凱布納山(Kebnekaise,海拔2,096公尺)亦位於此區。鐵礦業是這裡的主要產業,也是城市最初開發的原由,近年當地政府則設法朝科學等其他領域發展,以降低對礦業的依賴。

在住宿處放妥行李後,我們便前往附近走走。遊客中心的服務人員,忙著向人們講解在地風光。藍色天空點綴著少許的雲,今晚或許能有機會看到極光。初來乍到,哪怕只是路旁的公園,都足以吸引我們的目光。黃葉將草地染成一幅畫,空氣中充滿自在自適的味道,一旁的座椅,讓人想坐下來閱讀報紙。接著我們來到基律納教堂(Kiruna Kyrka),這座具有上百年歷史的建築,曾被瑞典人選為瑞典最受歡迎的1950年代前建築,以及瑞典最美麗的公共建築之一。

第一次遇見極光

夜晚來臨,天空看來雖有少許的雲,但大致仍是不錯的天氣,至少,我們對夜空還是抱持著期待。在煮了些東西用餐後,便開始這趟旅行的重頭戲——尋找極光。

公園一隅。

小徑通往了具有歷史意義的基律納教堂。

首先，要遠離市區的光害。這裡往北方跟南方都有道路，我們決定先往南方的支線道路，如果沒結果，再去北方。這條路最遠處可以到達Nikkaluokta（瑞典薩米人村莊），距離市區達60公里遠，那邊有許多登山步道，也包含了攀登凱布納山的路線。

　　愈遠離市區，能看到的星星數量就愈多。隨著右側的市區燈火逐漸遠離，開始感受到路的兩側盡是大片森林，路燈密度亦逐漸遞減。夜晚，在遠離市區的極地道路上開車，原來是這樣的感覺。此時，一位旅伴透過車窗看著天空詢問道：「那是雲嗎？還是極光？」我撇頭看了看天空，天哪！

　　天空中，一道微微的白光若隱若現著，比起雲，它邊緣變化的特徵更像是極光的樣子。不一會兒，白光開始透露出些許綠色，此時已能完全確定了，我興奮地大叫，隨之而來的是旅伴們激動地呼天喊地！車內嘈雜頓時有如演唱會一般。

一邊用餐，一邊想著今晚究竟是否能看到極光。

　　這是我們人生中第一次遇見極光，在偏遠的郊外，即使是透過車子的玻璃或路燈仍看得到！我找了一處沒有路燈影響且一旁有足夠腹地的地方停車。看了看地圖，這邊距離市區20公里左右，已是適合觀看極光的地方，如此一來，便不用再往更遠的地方行駛。

人生中第一次與極光相遇。

　　車燈一熄，伸手不見五指，走到車外，星星伴隨著綠光閃爍在夜空中。這一刻，感覺好不真實，這是許多身處於中低緯度地區的人們所無法經歷、也從來沒有體會過的感覺。

　　一道半透明的綠白色光帶鋪陳在東北方的夜空上，搭配著繁星點點，好不美麗。以往在書章報導上看到的景象，如今竟直接呈現在眼前，心中盡是無限的驚嘆。極光變化多端，有時像是一塊似捲非捲的布，可能往左延伸，亦可能往右展開；有時像是幾道光針，緩慢地上下顫動。

　　我手忙腳亂地拿出相機及腳架，深怕極光等一下就消失。第一次拍攝極光，難免操作不熟，花了好些時間才調整到適合的設定值。過了一陣子，樹林的正上方也開始浮現白光，然後逐漸增強，直到成為綠色，就像驚喜一般，完全無法預期。

| Chapter 1　瑞典、挪威、芬蘭 | 21

就這樣時而增強,時而轉淡。過了大約40分鐘,極光逐漸黯淡,在原地稍作等候後,仍未見起色。天空變回往常的星空,但我想,即使是這樣的星空,也會是許多天文觀測者所嚮往的。

在這裡待了將近一個小時,有如此的收穫,已讓第一次尋訪極光的我們相當滿足。夜裡,氣溫只有攝氏5度左右,為了操作相機,也只能戴著薄手套,實在寒冷難耐。我們收拾心情,返回市區。路上,我打從心底地感謝上天,這一份感動,我們不會忘記。

❄ 北極圈第三大城

一早,我們繼續往西北方移動,途經道路左側一處小型無人加油站,花了好些時間研究如何加油。來到阿比斯科(Abisko),位於北極圈以北約200多公里處,距離基律納約90公里,距離挪威僅有38公里,同是觀賞極光的好所在,惟生活機能不比基律納。

阿比斯科國家公園成立於1909年,目的是為了保

阿比斯科國家公園導覽看板。

存北方極地的原始樣貌,供科學研究及考察用。這邊地層大多為永凍土壤,設有科學研究站,專注於極地生態及氣候變

遷議題。遊客中心的一旁,幾位遊人正準備開始他們的徒步健行之旅。

　　道路緩慢爬升在無邊無際的荒原之間,這裡沒有高大樹木,也沒有人造建築,大地滄桑的感覺於此處展露無遺。

　　邊界,在一處山丘上,山丘附近的道路籠罩著濃厚霧氣,霧氣中,一道巨大朦朧的七彩圓弧閃耀著,與遠方高山和藍天相互呼應。我們與那道虹間的距離,感覺好接近,在霧氣的環繞中,如同夢境般地不可思議。

湖面襯托著無敵的藍天美景。

一處路旁的美麗湖泊，吸引了旅人的目光。樹木、天空和山景映在湖面，有如直接傾印般地清晰。山的顏色、細部輪廓，與倒影簡直完美吻合。碧藍色的天空，在湖面依舊完整無缺。遠方的山頭，略顯微微白光，營造著空間中的深淺層次。在這裡，一切顯得平靜，時間彷彿暫時停止，在一動也不動的山水湖景中，宣告著大自然的原始之美。

　　來到特羅姆索（Tromsø），這是北極圈以北的第三大城（僅次於俄羅斯Murmansk與Norilsk），也是挪威北部的最大城市，擁有全球最北邊的大學。鄰近北大西洋，這座城市絕大多數的面積位於特羅姆索島上，並由大橋、隧道與挪威大陸連通。這裡位處北緯69.7度，於北極圈以北約350公里，但因受惠於由南往北流經的北大西洋暖流，使得氣候較一些其他同緯度甚至更南方的地區還溫暖，亦是許多旅人來到挪威觀賞極光的聖地。

　　北極大教堂（Arctic Cathedral）是著名的地標，也是頗具特色的藝術建築，側面看起來由長度不同的白色對稱三角柱體漸次構成，正面則是大片透明窗板，任光線自由進出。

　　具有大片落地窗風格的特羅姆索圖書館（Tromsø City Library and Archive），在街道路過時，同樣引人注目。而北極圈水族館（Polaria）及史朵史坦寧山纜車（Storsteinen Fjellheisen）則是提供了極地水族生態及壯觀的特羅姆索市景供人飽覽。

　　我們住宿於露營區，只可惜，待在特羅姆索的時間裡，由於雲層持續覆蓋著天空，無法看見極光。

◀ 挪威特羅姆索的北極大教堂。
▶ 特羅姆索圖書館的大片玻璃窗，在晚間格外引人注目。

❄ 持續向北

繼續往北方前行，道路沿著峽灣不時穿梭於橋樑與隧道之間。在這樣的緯度之下，如果你於夏季前來，將有機會目睹「午夜的太陽」，這也是許多當地旅行社所主打的主題遊程。只不過，在永晝之下，自然沒有夜觀極光的機會，旅人必須有所取捨。

道路穿梭於橋樑之間。

| Chapter 1　瑞典、挪威、芬蘭 | 25

▲ 阿爾塔博物館。
▼ 在步道旁的海灣遠望，引人思古幽情。

來到阿爾塔（Alta），不可錯過富含歷史文化意義的阿爾塔岩畫（Rock Art of Alta）。自1973年起，超過六千個圖案被發現於阿爾塔周遭數處，並於1985年被登錄在聯合國教科文組織世界遺產，是重要的史前文化遺址。

岩畫的製作年分可以追溯到西元前4200年至西元前500年，相當於石器時代晚期至金屬器時代早期，內容描繪了麋鹿、馴鹿、熊、鳥類及魚類等動物，以及狩獵、捕魚、生活及相關儀式等場景。

參觀路線可由位於Hjemmeluft的阿爾塔博物館（Alta Museum）進入，此博物館於1991年建成，並於1993年獲得年度歐洲博物館獎。此區包含有三千多個圖案，是岩畫數量最多的區域。為了彰顯原本清晰的樣貌，多數岩畫以紅色顏料

走訪附近的岩石壁畫,有如上了一堂歷史課。

挪威阿爾塔的北極光大教堂。(Barnabas Davoti提供)

| Chapter 1 瑞典、挪威、芬蘭 | 27

◀ 在如此高的緯度,一切都覺得具有北極的味道。
▶ 從北角望向克尼夫謝洛登角。(Jonas Dyvik Nilsen提供)

覆描。漫步在這條具有歷史意義的步道上,看著壯闊平靜的海灣,不禁讓人思索,當時人們所見的景象與現今是否相同?

位於阿爾塔市區,於2013年建成的北極光大教堂(Northern Lights Cathedral),以極光螺旋的意象構築而成,傳達出人們對於極光形狀的普遍印象,是當地的地標之一。這座具有極地景觀象徵意義的教堂,當大地被冰雪覆蓋時,更能與地景融合在一起;而當夜晚天空出現極光時,也能與其互相輝映。

此行最北方來到大約北緯70.11度,在這裡,一切都覺得具有北極的味道。在天氣許可的情況下,有些遊客選擇繼續向北探索。號稱歐洲大陸最北點的北角(Nordkapp,北緯71.18度),實則為歐洲公路可達的最北點,常配合前述提到的午夜太陽之旅,在每年的5月中旬至7月底期間,到訪人數最多。

位於北角西方不遠處的克尼夫謝洛登角（Knivskjellodden，北緯71.19度），實則比北角還更北方一點。而由於這兩個端點皆位於馬格爾島（Magerøya）上，是因為公路的關係而連接，然所謂的「大陸」定義並不包含島嶼，因此正確的歐洲大陸最北點，其實是在稍微南方、位處東邊諾爾辰半島（Nordkinnhalvøya）上的諾爾辰角（Cape Nordkinn，北緯71.13度），惟因交通不便，鮮少有人前往。克尼夫謝洛登角、諾爾辰角皆可由北角遠觀之。

❋ 極光哈士奇

我們在一處偏郊留宿，牧場工作人員熟練地訓練著大量圈養的哈士奇。大帳篷外型的木屋，中間燃燒著爐火，在寒冷的環境下，提供幾分溫暖。門的一旁有成堆的木柴，以備不時之需。木屋留下兩側小片透明窗戶而得以向外觀看，但因爐火亮度影響，在夜晚有一定的反光現象。

這裡大多數的物品皆由木頭製成，大廳置有數張沙發、桌椅、餐具及蠟燭，營造出舒適的感覺。黃色的光

▲大量圈養的哈士奇。
▼大帳篷外型的木屋。

| Chapter 1　瑞典、挪威、芬蘭 | 29

①微光逐漸加深,終至成為耀眼的綠光。
②極光劃過樹梢,在空中形成亮眼的弧。
③像是一排空中琴弦,自己彈奏著。
④細線如弦,譜出動人光彩。

①	
②	④
③	

線，散發著和煦的氛圍。無論是枕頭還是牆上的掛畫都充滿了哈士奇意象，角落的棕熊標本則是栩栩如生。

這裡備有桑拿室，桑拿（Sauna）起源自芬蘭，又稱芬蘭浴，即三溫暖，是當地重要的日常生活，意思是在木屋內透過加熱來達到使身體大量出汗的效果，促進新陳代謝。

戶外一片漆黑，遠方看似亦無其他人煙，在看得到星星的寒夜裡，天空能否再次有所演出？我們在屋內等候，不時到外頭查看。起先，就如同往常的星空，約莫晚上九時許，一道微光開始浮現在空中，逐漸加深，然後成為耀眼的綠光。

接著，光線在天空中的不同位置分別有所鼓譟，時而獨自增強，時而群起擾動，好不壯觀。我屏氣凝神地操作著相機，在如此寒冷的夜晚，心情隨著極光起伏而顫動。一道亮綠色光束從東北方發跡，然後逐漸往中天延伸，光帶流淌過無數的星星，直到天空的另一邊，形成一道醒目的弧。

正當夜空演奏著無聲的光彩樂章，哈士奇也加入了這場展演，淒美綿長的嚎叫聲伴隨著光影變化此起彼落，不絕於耳，成為了名副其實的「響」宴。當地居民聲稱極光是有靈性的，著實千真萬確。即使過了午夜，天空仍不時訴說著光的故事，且這故事，從來未曾相同過，讓旅人無論如何都想繼續看下去。

乍看之下，電桿的細線宛如絲弦，在撥動之下，譜出動人的光彩。光帶邊緣快速消長，如同煙塵般地變幻莫測。綠光的頂端，滲透著微微的紅，看似模糊，卻也能清晰感受到。有時候，即便是光線本身的上下顫動，也像是一排空中琴弦，自己彈奏著，直到畫下休止符的那一刻，仍叫人震撼不已。

✷ 銀色大地

　　天氣晴朗，轉往南方內陸行駛，氣溫逐漸下探。道路兩側，冰冷的水氣於樹枝上結成霧淞，在藍天的襯托下，絕美動人。大片雪白樹林包圍著一處寧靜湖泊，湖的表面已有部分結冰，頗有詩情畫意。這般銀色大地，既淒寒，卻也美麗。或許，在遠方的碼頭上，就曾有修行之人吟詩作對、獨唱孤歌。

　　繼續前行，就連路旁的草地也逐漸失守，緩緩染上一層白霜，終至全部淪陷。從Karigasniemi進入芬蘭，這邊氣溫降到接近攝氏0度，原本的藍天不知何時已轉為大範圍雲層，晚上的天空，恐怕不太樂觀。在一小段路中，兩側植物竟皆恢復綠意，只是如同迴光返照一般，很快地便再度進入雪白世界，形成極為強烈的對比。

　　拉普蘭區（Lapland）是芬蘭最北邊的行政區，這個名詞同時也指北歐原住民薩米人（Sápmi）傳統居住的文化區域，包含了挪威、瑞典、芬蘭的北部及部分俄羅斯的北部，薩米文化景點在此時常可見。

　　拉普蘭區西與瑞典、北與挪威、東與俄羅斯接壤，是芬蘭面積最大的行政區，也被一些國家視為聖誕老人故事的發源地。位於拉普蘭區北部的伊納里（Inari）是該區北方相對較大的城鎮，這邊人口約莫6、7千人，是薩米文化的中心，堪稱薩米文化首都。Juutuanjoki河流經此處注入廣大的伊納里湖（Lake Inari）。

　　到了晚上，雲層依舊布滿整個天空，不見一顆星星。既然天候沒有希望，無需來回觀望走動，我們決定嘗試看看旅

▲ 成片霧淞在藍天襯托下，絕美動人。
▼ 雪白樹林環繞著湖泊，淒寒而美麗。

▲ 兩側植物在不同路段，形成極為強烈的對比。

◀ Juutuanjoki河岸一景。
▶ 路旁的草地也逐漸失守，緩緩染上一層白霜。

店提供的在地特色餐點。經典的套餐包含了馴鹿肉、乾酪、麵包、莓果醬和雪酪,份量小巧精緻。在這裡,還有機會可以嘗到來自伊納里湖的新鮮鮭魚。房間的電視提供了全天域極光活動偵測,只是在陰沉的天氣裡,實無用武之地。

✳ 聖誕老人村

　　徹夜低溫與水氣使車子外表結了一層硬霜,因為身邊沒有除雪器具,一陣摸索後,發現用來封裝藥丸的鋁箔金屬片剛好適合拿來刮除厚霜,不過仍是花了好些時間才清理完畢。

　　續往南行,薩里塞爾卡(Saariselkä)是世界上第一個極光玻璃屋的發源地,自推出後便引起各地業者爭相仿效。一般看極光都是在戶外,時常需要忍受較為寒冷的氣溫,也不容易以舒適的姿勢觀賞,而極光玻璃屋則可以直接免除這些困擾。想像著夜晚躺在玻璃屋內仰望極光,好不夢幻,唯獨要價不斐。

　　回到羅瓦涅米,這裡是拉普蘭區的首府,市中心位處北極圈以南僅僅6公里,被芬蘭人視為聖誕老人的故鄉。儘管在平均Kp值的情況下,此處尚未進入極光帶,但只要極光活動稍微活躍,這裡同是觀賞夜空的好所在,成為許多遊客到訪芬蘭來到的最北點。

　　北極圈科學博物館(Arktikum Science Museum)同時身為科學中心,提供了豐富的極地文化、歷史與現代生活介紹,是深入瞭解當地的好去處。半圓形透明屋頂廊道是博物館建築的一大特色,走在其間,彷彿與天空相去不遠。

▲ 在極光玻璃屋內，躺在床上看極光不再是童話。（VALO Hotel & Work提供）
▼ 北極圈科學博物館。（Nikolai Artamonov提供）

聖誕老人村（Santa Claus Village），位於市中心東北方大約8公里，是頗負盛名的人氣景點，其園區足以逛上一大半天。圓木打造的城市指標，可看出臺北距離此地有7804公里。在聖誕老人的辦公室裡，遊客能有機會與聖誕老人拍上合照。對於許多小孩來說，這裡就是聖誕老人故事的真實世界。

　　地面上一條具有北極圈象徵意義的長白線，標示著北緯66度32分35秒，成為許多遊客拍照的場景，惟實際的北極圈（北緯66度34分）距離此處大約還要往北600公尺。

　　郵局裡，各式各樣的明信片、賀卡及禮品目不暇給，從這裡寄出的明信片將蓋有特別的郵戳，並且可選擇按時寄出（黃色郵筒）或接近聖誕節時再寄出（紅色郵筒）。一間間紀念品店裡陳列著琳瑯滿目的聖誕意象物品，從裝飾、擺飾到日常用品，應有盡有，絕對不會讓遊客失望。

　　這次旅行，於此便告一段落，雖然不確定之後會不會再次前往尋訪極光，但幾天下來的經歷，已讓我們大開眼界。在這裡，自己體驗了許多的人生第一次：第一次來到歐洲、第一次多國旅行、第一次在海外開車、第一次跨越北極圈、第一次從陸路跨越國界、第一次身處大西洋及北極海沿岸，也是第一次在深夜裡聽著眾多哈士奇歌唱、第一次在霧淞林中感受著一片冰心、第一次品嘗拉普蘭特色餐點，當然，還有第一次看見夢想的極光。

聖誕老人村園區入口（左上）。從聖誕老人村郵局寄出明信片，想必是別具意義（右上）。圓木打造的城市指標（左下）。具有北極圈象徵意義的地面白線（右下）。

| Chapter 1　瑞典、挪威、芬蘭 | 39

Chapter 2
加拿大
Canada

在寒凍的大地上,我們的心像是被極光緊繫著,
隨之起伏而變動,時而高潮、時而平靜,述說著無聲的喝采。

黃刀鎮

2017年11月初，距離北歐極光行已然超過一年，看著網路上各地傳來的極光美照，我決定再次規劃尋光之旅。既然上次是秋天去，那這次便改為春天去；既然上次是去歐洲，那這次就換成去北美洲。順便檢視在不同季節及相隔遙遠的異洲大陸上，極光看起來是否會有所差別？我心裡打趣地想著。

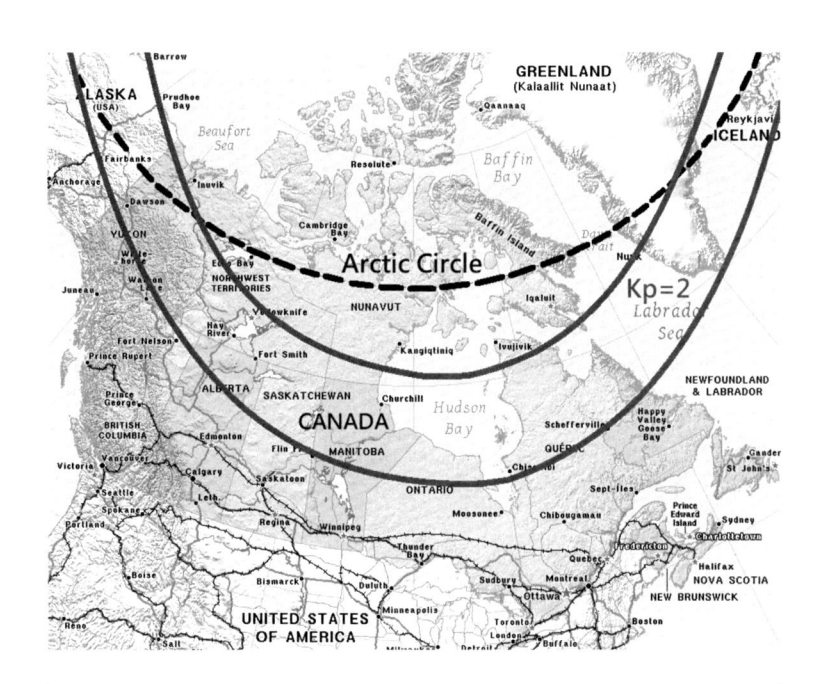

> 現時地磁北極位置所構造的極光帶，北美洲相較於歐洲覆蓋了更低緯度的區域。

極光橢圓與地球的緯度並非全然對稱，現時地磁北極位置所構造的極光帶，其實是比較偏向北美洲。也因此，相較於歐洲，極光帶在北美洲覆蓋了更低緯度的區域。在平均Kp值的情況下，極光帶最低甚至可以來到北緯53度，大約是在加拿大安大略省（Ontario）的北部。

　　而為了增加觀賞極光的成功率，這次行程無論是在地點的選擇還是極光活動週期等因素的考量上，都做足了相當完整的功課。幸運的是，此次行程也找到了兩位同行旅伴，他們在先前未曾看過極光，對於這類天文主題式行程也是充滿興致。

　　黃刀鎮（Yellowknife），身為加拿大西北地區（Northwest Territories）的首府，位處北緯62.5度，大約在北極圈以南400公里，人口接近2萬人。此處之所以適合看極光，是因為它的位置即使在Kp值＝0的情況下，也進入了極光帶的範圍，且因地勢平坦，時常有寬闊的視野。根據統計，這裡一年大約有250天可以看到極光，機率高達將近七成，來到此處的旅人幾乎無不是為此前來。

　　這邊鄰近世界第十大湖泊——大奴湖（Great Slave Lake），並因為金礦的發現，在1930年代開始發展。如想要瞭解這座城鎮，可參加為時約三個小時的市區觀光導覽，除了前往各處景點，也會講解城市的歷史、人文及風光。來到此處，大家也別忘了前往旅遊服務中心，可以領取具有紀念意義的黃刀徽章與跨越北緯60度證書。

　　我們於2018年3月中出發，在溫哥華機場轉機，到達黃刀鎮時已是晚上7點半，隨即前往住宿點準備開始夜觀極光行程。

極光村

　　由於移動範圍局限在黃刀鎮內，在這裡看極光通常有兩種方案，一是參加極光獵遊，由當地具有經驗的嚮導、司機開箱型車載參加人員到可能出現極光的地方，地點沒有固定，由嚮導就當下的情況彈性安排。另一種則是我們選擇的極光村（Aurora Village）夜觀極光行程。

　　極光村除了提供遼闊的觀賞極光場地，也有衣物租借、日間活動、住宿、餐食等套裝服務，並提供英文、日文、韓文、中文及廣東話解說服務。日本遊客在這裡占了龐大的比重。每晚，工作人員開著數輛小型巴士到各個旅店接送參加極光行程的旅客，至極光村所在位置觀賞極光。這裡遠離市區燈火，但功能設備俱全，是夜觀星空的好所在。

　　除了雪地、樹林、木屋，一種帶有印地安文化風格的圓錐體帳篷——Teepee，是這裡常見的設施。旅客按照當晚分

◀ 帶有印地安文化風格的Teepee隨處可見。
▶ 各式沖泡茶飲供自由取用。

配的Teepee，在觀賞極光之餘於此處休息。其內部有溫暖的火爐及沖泡茶飲供自由取用，是凍寒夜晚中重要的庇護所。預報顯示今日氣溫介於攝氏零下10度至零下4度之間，防寒衣物於此處必不可少。

小巴士甫剛行駛到接近極光村的偏郊，此時透過車窗已可略見天空中舞動的極光，叫車上所有人興奮不已。在極光村停妥後，大家便迫不及待下車。只見現場已有數輛小巴抵達，工作人員則忙著為第一次來到此處的旅客們講解各類設施位置及注意事項。

兩條光束從遠方延伸至近處天空，獲得了眾人的喝采。

在廣闊的空間裡，大家可以自由移動，自行尋找適合觀賞極光的地點，或逛禮品店、看展演和在Teepee內休息。園區內有隨處可見的折疊椅供自行取用，我拿了張椅子，正當在尋找適合拍照的場景時，天空中兩條光束從遠方延伸至近處，獲得了眾人的喝采。

　　看著空中舞動的光影，我二話不說立刻架設攝影器材，開始捕捉久違的極光身影。樹林的上方，不知是誰悄悄點燃了幾絲光彩，為森林增添一股魔幻氛圍，隨而不斷變化，最後竟延展成數條平行光帶。每當有極光發生增強，現場便可聽到陣陣驚呼聲，令人不跟著情緒起伏也難。

　　在一小段沉寂後，綠光身影逐步出現在天空各個角落，你沒聽錯！是各個角落！只見這邊一團、那邊一道的，讓攝影者被迫做出抉擇。一處遠方光影向眼前天空伸展，隨而增強且變廣，然後覆蓋住前方天空的大片面積，如同一場巨幕燈光表演，驚為天人。

　　在此等低溫下，每脫一次厚手套操作相機，只剩薄手套的手在幾秒鐘之內便會感到刺痛難耐。一位旅伴不做極光攝影，盡自己所能地感受著天空發生的一切，讓人興起一點羨慕之意。

　　夜觀極光行程表定時間為晚上9點半至凌晨1點，如果視情況想繼續留在此處，這裡也提供了加價延時服務，每延時一次可多停留1.5小時，最多延時兩次。看著不平靜的夜空，即便是在要返回之際，心中震懾仍洶湧未盡。

▲ 就像一場巨幕燈光表演，驚為天人。
◀ 是誰，悄悄地點燃了樹林上方的綠色火焰？
▶ 原先的光彩最後延展成數條平行光帶。

❄ 冰城堡慶典

每年3月,小鎮東北方黃刀灣(Yellowknife Bay)一帶會舉行盛大的冰城堡慶典(Snowking Winter Festival)。在寒凍的季節裡,結冰的大奴湖面覆蓋上層層厚雪,提供了結實的冰雪材料,冰城堡便是在這樣的環境條件下建成。

城堡內包含咖啡吧、表演臺、座席、角樓、城牆和溜滑梯等,冰雪元素無處不在。在為期一個月的時間裡,這邊也會舉辦各類藝術展演、音樂會、歌唱等活動,是小鎮上行之有年的大型慶典。

天空、城堡、雪地,一切盡是白色。

從市區步行一公里多來到這邊,看著雪白色的城堡外觀,有如走進雪地夢幻世界,讓人感到有幾分的不真實。城堡外,幾座冰雕展示著,引起眾人圍觀。一群小孩在光滑的結冰湖面上滑行,雖偶爾摔跤,卻也玩得樂不可支。

　　進入城堡內,一旁的布告欄上張貼著近期活動資訊、工作人員和贊助商名單。在斜坡、階梯等處,木頭適時地融入了地面素材,達到防滑效果。通道、隱密的空間、層層樓臺錯綜複雜,供遊人們盡情探索,是名副其實的「城堡」。

　　冰雕藝術於此隨處可見、充滿在各個角落,吸引人們興奮合照。用冰砌成的溜滑梯上,大人和小孩們都玩得興高采烈,沉浸在歡愉的氛圍中。在藝術展演空間裡,牆上掛著數幅畫,幾處攤商販售著手工藝品和精緻小物,引起遊客駐足選購。

◀ 布告欄上張貼著活動資訊。
▶ 通道與空間錯綜複雜。

▲ 冰雕藝術隨處可見。
▼ 冰上溜滑梯是許多人的厚愛。

| Chapter 2 加拿大 | 49

這座宏偉的冰城堡只於每日下午開放，在冰製成的桌椅上，一些人正悠閒地喝著咖啡，享受著特別的午後時光。走到上層，看著城堡內各式各樣的生活機能運作著，不禁讓人佩服起創辦人化夢想為真實的力量。

重返極光村

冬令時節前後，除了有特別清理過的道路，多數地方盡是厚重的冰雪。儘管如此，我們還是嘗試尋找附近可以稍作健行的步道。小鎮北方的Frame Lake提供了環湖步道，然而，積雪使得步道痕跡全然消失。望向湖的方位，被冰雪覆蓋的湖面看不出任何輪廓特徵，若非循著地圖前來，恐怕誤以為是一般的雪地。

市政大廳、旅遊服務中心皆位於湖畔。此外，威爾斯親王北方文化遺產中心（Prince of Wales Northern Heritage Centre）身為一座博物館兼檔案館，在這邊蘊藏了西北地區的歷史和文

▲ 被冰雪覆蓋的湖面。
▼ 威爾斯親王北方文化遺產中心。

化。從當地生活、原住民文化到自然生態等，擁有許多珍貴的展示文物。

晚上，再次來到極光村尋訪極光。這天，極光活動沒有前一晚來得活躍，但拜於天空晴朗所賜，有些人仍坐在雪地的椅子上靜心期盼。與其在戶外忍受寒凍，更多的是在Teepee內休息的人，他們打趣地說：如果聽到外面有喧鬧聲，再出去看看就好。想一想，這番話也是有道理。

戶外展演場也聚集了一些人，原來是工作人員正在表演，只見他拿出一條柔軟的毛巾，在用水淋溼後數秒，便以原本的形狀凍結了。隨後又拿出一根已放置於室外一段時間的香蕉，兩三下便輕易地將鐵釘敲入木頭中。

耐心等候多時，總算，遠方兩道綠光逐漸增強，向空中發散，在相對寧靜的夜空中，顯得光彩奪目。就這樣一左一右，分別向兩側延伸，像極了一對絢麗的翅膀。許多人見此景，紛紛利用這難得的背景來拍攝人像，玩得不亦樂乎。在此之後，極光活動趨緩，但在星空與樹林的襯托下，仍魅力不減。

天候狀況於隔夜轉為不理想，一定比例的天空覆上了雲影，除了把握雲層稍微散開的短暫時刻，也只能在雲縫中求視野。當天的極光指數預報值亦較低，也罷，趁這時候，剛好有時間可以走訪園區內各處，尋覓適合的拍攝地點。仰望蒼穹，哪怕只是微微的綠色光影，也為天空蒙上了一抹奇幻。

52 ｜ 北極・光之旅 ｜

地景是眾多天文攝影中的重要元素，在適當的取景下，更能反映出夜空的美。在這裡，雪地、樹林、木屋，甚至是具有特色的Teepee，都可以作為攝影構圖裡的部件。

　　這一晚，若祈禱雲層散開的同時剛好也有極光現身，似乎是奢求。但就算只是些許的迷人色澤，也能為星空增添無比魅力。

①	
②	③	④

①像極了一對絢麗的翅膀。
②在星空與樹林的襯托下，仍魅力不減。
③微微的綠色光影，為天空蒙上一抹奇幻。
④地景是眾多天文攝影中的重要元素。

雪地活動初體驗

在極光村裡，除了夜觀極光行程，白天亦有許多雪地活動可以參與。由於之前都是夜晚前來，第一次白天來到此地仍讓人有耳目一新的感覺。藍天、樹木、雪地提供攝影愛好者隨需即取的景物成分，廣闊的場域空間讓遊客們盡情地自由探索、走動。

輪胎公園裡，遊人們拖著由一或兩個輪胎製成的滑行工具爬上雪地溜滑梯，然後一溜煙地從高處滑下。滑梯到了地面，隨即銜接人工築成的雪道，配合些許的地形坡度，延長滑下的過程時間，讓不少人玩得心花怒放。

◀ 藍天、樹木、雪地，在拍照時隨需即取。
▶ 雪地溜滑梯。

狗拉雪橇是雪地經典活動。

　　狗拉雪橇（Dog Sledding）可說是最受歡迎的雪地經典活動。比起相對平凡的雪上摩托車，更多的人選擇參與這項刺激的體驗。參加人員乘坐在12隻雪橇犬拉行的雪橇內，由站立於後的專業嚮導發號施令，繞行園區一圈。一把雪橇可供乘坐一至三人，過程中不乏有上下坡、起伏晃動，能充分領受到在雪橇上極速移動的感覺。同時，刺骨的寒風也會為你帶來難忘的回憶。在乘坐之餘，許多遊客開心地與雪橇犬合照留念。

雪上摩托車。

| Chapter 2　加拿大　| 55

冰上釣魚（Ice Fishing）亦是一項有趣的活動，藉由在凍結的湖冰表面上鑽洞，讓湖水重見天日，再於此洞口處釣魚，最後將釣到的魚做成新鮮魚湯供參與者享用。如果沒有釣到呢？別擔心，即使是這樣，帶領的嚮導也會用網子設法捕撈出魚，且據聞有一定數量的參加人員都是沒釣到的情況。

樹林裡，一群遊客坐在環形木椅上，用處理過的樹枝串起棉花糖，在石頭圍成的柴火上烘烤。平坦的雪地上，一些人正在進行激烈的冰上曲棍球大戰。

▲ 雪地烘烤趣。
▲ 大腳雪鞋體驗。
▼ 冰上曲棍球。

大腳雪鞋體驗（Traditional Snowshoe Experience）是具有當地原住民文化特色的體驗活動，參加人員穿上由硬木材質編織而成的網狀結構傳統雪鞋，在園區內作短程路線健行。相較於平常的鞋子，雪鞋面積則是大上許多，其目的是用來分散身體重量，以免陷入鬆厚的雪地中，是實用的雪地行走工具。

來到這裡，也別忘了寫幾張明信片，跟親朋好友們分享看到極光的喜悅。看著恢復晴朗的天空，不禁令人再度期待起晚間的夜空重頭戲。

極光大爆發

寒冷的晴夜裡，氣溫下探到攝氏零下16、17度。然而即便是緊縮著身體，旅人還是硬著頭皮到戶外守候星空，深怕錯過任何一場極光大戲。我一如往常地把手伸進口袋中取暖，卻發現口袋正異常發燙著，仔細檢查之下，居然是裡面的暖暖包在頻繁揉搓之下破了，撒出一堆鐵粉。

正當大夥兒閒話家常時，霎時間，數道光芒在夜空中震撼登場，吹響了今夜的光之號角。這當中，又以一道在高空快速消長變化的光帶最為耀眼。只見它持續旋轉纏繞，上下延伸，猶如一個從高點往下投射的大型光錐，魅力指數破表。往下延伸的部分則漸行加大，呈現為放射布幕狀，耀眼動人。

就這樣逐漸往低空散發，灑落在Teepee上方，引起了無數驚呼。空氣如同凝結一般，在場的人無不望向這片天然大螢幕，看著色彩繽紛的極光在其之上，舞動。

①旋轉、纏繞。
②往下延伸。
③繼續往低空散發，灑落在Teepee上方。
④遠方的天空也不落人後。

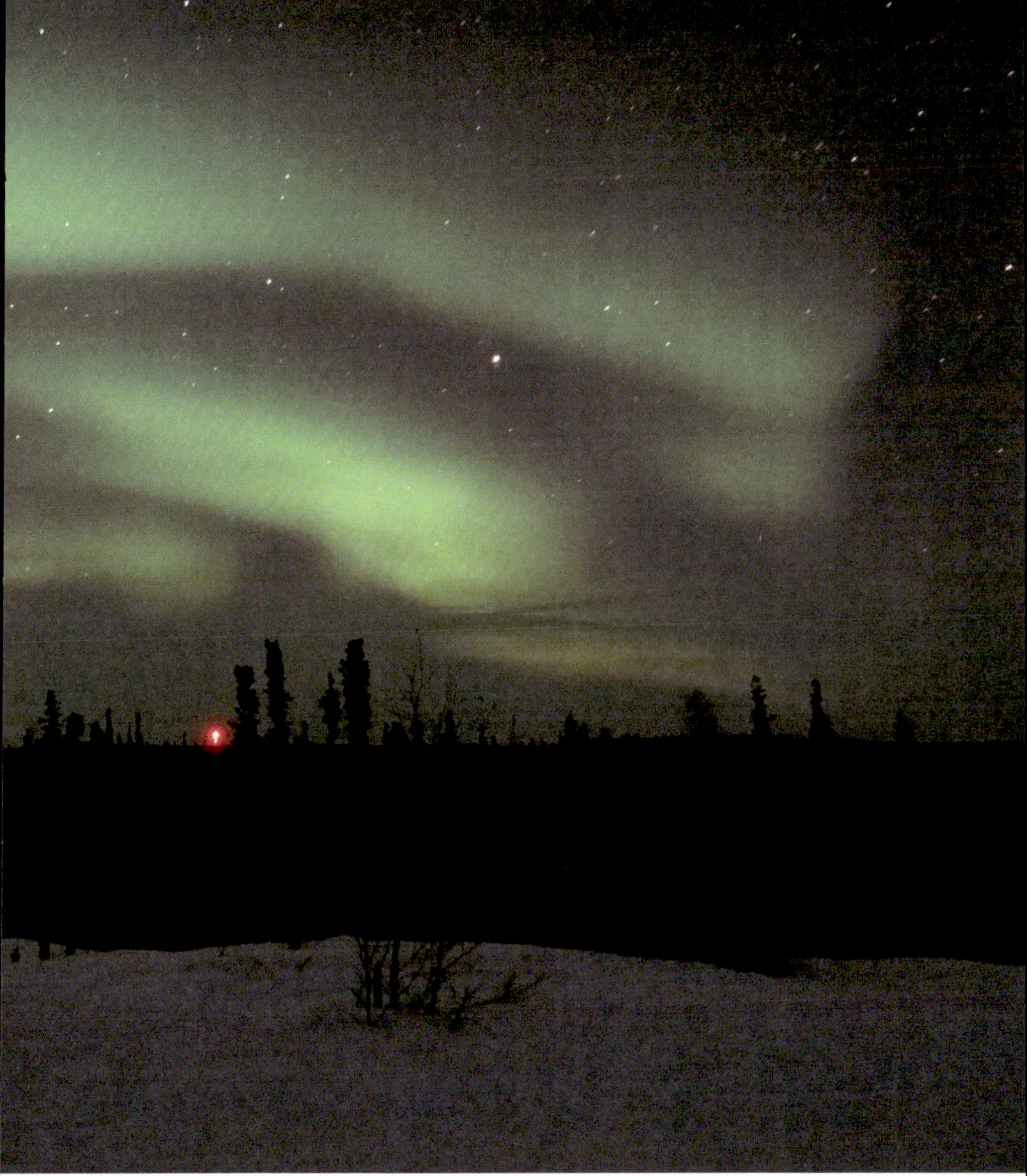

在寒凍的大地上，我們的心像是被極光緊繫著，隨之起伏而變動，時而高潮、時而平靜，述說著無聲的喝采。遠方的天空也不落人後，同樣是旋轉纏繞的劇碼，卻因距離和角度的截然不同，塑造出完全不一樣的形象，亦為搶眼。

　　走進林間小徑，正當想將高聳樹林一同拍攝時，一道寬廣的極光如願入鏡。沒想到，它突然迅速增強、發亮，在天邊快速橫移。因來不及調整相機設定值，頃刻的我手足無措，顯得匆忙而慌亂。光線從原本的綠色，增強到難以置信的亮白色，就連背景星空也相形失色，被遠遠拋在舞臺背後。黑暗的樹林地面上，瞬間浮現了清晰的影子，在短短的幾秒內，不斷變化，就像跳了一支與天空光影事先配合好的舞蹈，任人內心不由自主地讚嘆。

　　弧狀極光在這般熱鬧的場面亦無缺席，一道亮光劃過當空，輝映著樹梢，絢麗十足。浩瀚星空下，幾條帶有紫色亮點的綠色光束直上天際，璀璨萬分。此等場景，直到是時候歸去，仍叫旅人依依不捨（根據事後紀錄，當晚的極光指數一度達到罕見的6）。

　　在黃刀鎮的幾天裡，我們體驗了雪白大地上的創意傑作、感受到雪地活動的激情活力，也傾聽夜空訴說著無聲卻又感人肺腑的故事。我們走訪此處，在這極凍的環境中，尋找一種屬於自身與大自然間連結的感動。

▲ 帶有紫色亮點的綠色光束直上天際。
◄ 增強到難以置信的亮白色，照亮夜空。
▶ 亮光劃過當空，輝映著樹梢。

| Chapter 2　加拿大　| 61

Chapter 3
阿拉斯加
Alaska

這一切,著實是太瘋狂了,
簡直是歌曲《歐若拉》中「阿拉斯加的山巔」真實上演。

一人成行

2018年8月底，在北半球夏天逐步走向尾聲之際，是否再次前往看極光的念頭在腦海中閃了一下，幾天的時間裡，前往與不前往的想法激烈地隔空交戰，難以抉擇。不行！再拖下去就來不及了！如果要前往的話，現在就需立刻著手安排。

最終，在所剩規劃時間不多的情況下，我緊急啟動了這次極光旅行。由於前次在加拿大黃刀鎮的極光情形令人驚豔，這次便再度選擇北美洲地區。而北美洲除了加拿大之外，另一個名聞遐邇的尋訪極光地點便是——阿拉斯加。

在瞭解前往當地看極光常用的方式後，決定採取租車，以較為自由、機動的方式來尋找極光。在事前功課上，花了不少時間於線上地圖標註景點、加油站、超市等，以及適合觀賞極光的位置，並將離線地圖預先下載至手機裡。

因為距離出發時間所剩不多，又繁忙於工作及旅行規劃，這次行程實在來不及尋找到旅伴，最後便是自己單獨前往了。雖然過去亦曾有過獨自旅行的經驗，但前往緯度如此高的地方加上開車自駕，自己一人還是頭一遭。

2018年10月前半，來到美國西岸北部的西雅

第一次在緯度如此高的地方獨自駕車。

圖（Seattle）轉機，回憶著飛機剛剛經過的路線，正是行經了阿拉斯加南邊海岸的上空。曾經，我們離阿拉斯加是如此地接近，但現在卻來到相對遠的美國本土等待折返。確實，就大圓航線來看，要前往美國的最近距離，是往北方劃出一道弧線，這個弧線大致會經過日本、阿拉斯加一帶，只不過臺灣與阿拉斯加沒有直飛航班，在轉機價格、距離、時間等多重因素考量的情況下，選擇在西雅圖轉機。

　　時間顯示晚上8時許，外頭天色早已一片漆黑。等待轉往國內航班的同時，許多人目不轉睛地盯著電視螢幕看，原來現在正上演著精彩絕倫的MLB季後賽。對耶！現在正處於所謂的Hunt for October期間。我跟著看了一會兒，心裡則是怎麼也沒想到會在這樣的時間、地點與當地人們一同觀看這般刺激的棒球比賽。

✴ 森・山

　　國內班機抵達阿拉斯加中部的費爾班克斯（Fairbanks），看了一下時間，已是隔日凌晨0時15分。阿拉斯加——這個小時候在地理課本上覺得特別新奇的名字，如今，我竟身處在這裡了。作為美國面積最大的一個州，此處因地理位置而適合觀賞極光。

　　費爾班克斯機場小小一個，大廳展示著極地地區的文化與生態。搭機前來的人們在提領完行李後迅速離去，午夜裡，機場顯得格外空蕩及冷清。正值深夜，在辦妥租車手續、確認天候許可後，便直接開車前往尋找極光。

要觀賞極光，自然得避開城市光害，由於機場在城市西邊，當下便決定順路往西北側Ester Dome、Murphy Dome的方向探索。車行逐漸遠離城市後，道路開始呈現上坡，路寬亦不斷縮小，在一個轉彎後，周圍的燈光僅剩自己的車燈而已。

不久，柏油路面接上泥土路面，不時發出碎石碰撞聲。路的兩側盡是漆黑的森林，天空中，則是密密麻麻的繁星。山中道路支線眾多，許多路徑在GPS上並無呈現，僅能仰賴直覺判斷。這樣一直往山的深處開，究竟是要去哪裡？心中一股不安情緒油然而生。

隨著坡度漸行緩和，應該是來到了山丘上，這才好不容易找到了一個腹地較大的三叉路口旁停車。車燈一熄，四周頓時陷入一片黑暗，天空上幾道微亮的綠光正照耀著。打開車門，外頭風聲大作，氣溫在攝氏0度上下，我拿著手電筒小心翼翼地架設攝影裝備。

幾條環繞狀的綠光逐漸醒目起來，伴隨光針上下顫動，譜動著靈性之歌。樹叢上方，一群光線萌發而出，隨後快速增長、發散，直到橫越半邊天際，整體看起來就像是從樹林上方爆發出來，聲勢浩大驚人。

光線隨著時間逐漸斜向一邊，有如數條平行光絲構結而成，依舊壯麗非凡。天空的另一邊，一道鮮豔的光束正熊熊燃燒，散發著美麗的光芒，好似一把從地面舉起的火炬，不停閃耀變化著。

樹叢上方，一群光線萌發而出。

有如數條平行光絲構結而成。

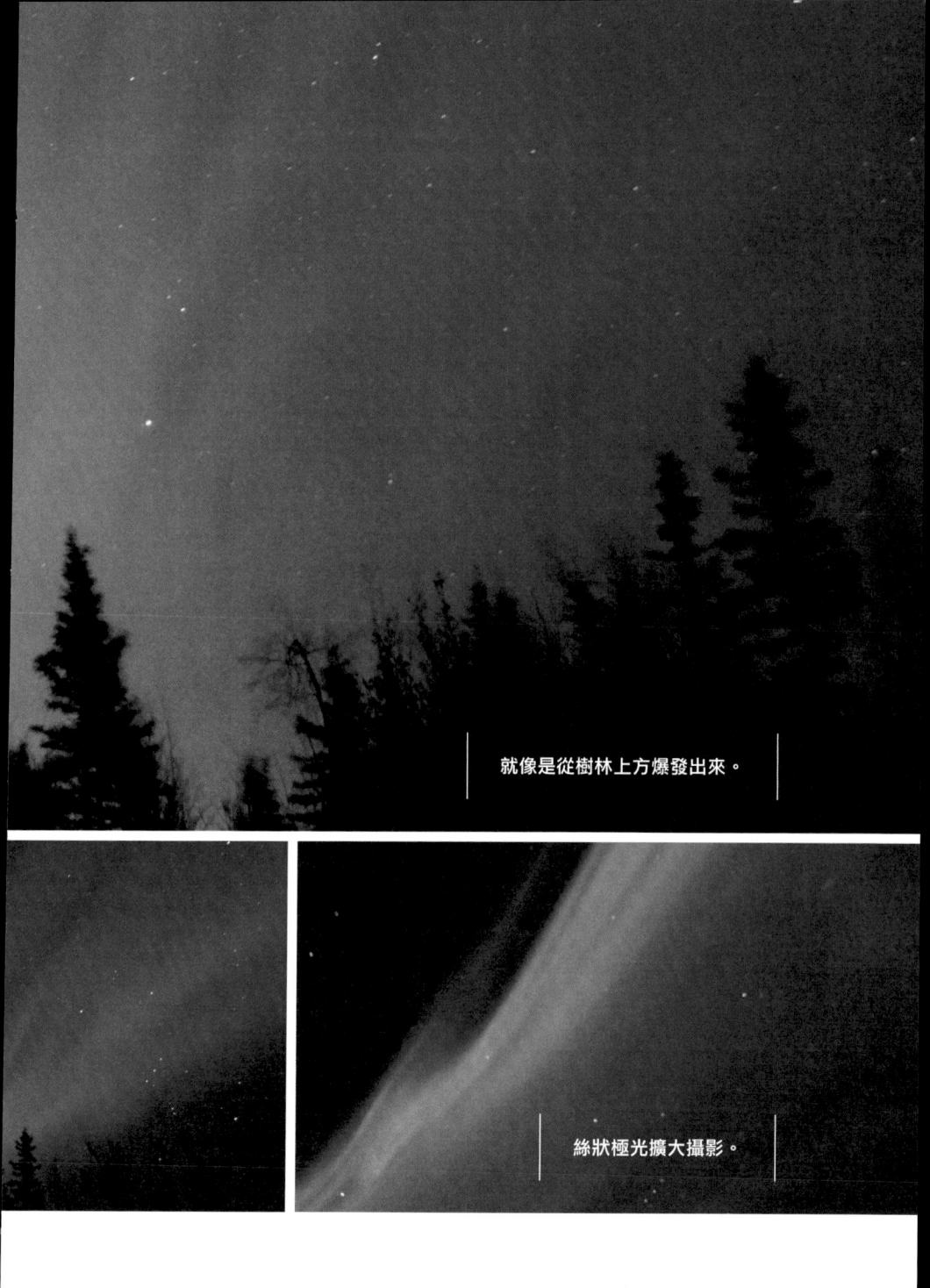

就像是從樹林上方爆發出來。

絲狀極光擴大攝影。

徹夜當空,隻身一人來到阿拉斯加的深山裡,在被森林包圍的環境中,看著夜空演奏著扣人心弦的光之舞曲,聽著樹木被風吹動而發出窸窣作響的聲音,感受著寒風刺骨的冷冽與孤寂。這一切,著實是太瘋狂了,簡直是張韶涵歌曲《歐若拉》中「阿拉斯加的山巔」真實上演。

　　凌晨4時許,我拖著又累又冷的身軀回到車上,想盡辦法補眠。但外頭氣溫依舊低迷,強風不斷搖晃著車身,任誰也難以入睡。回想漆黑的來時路,我告訴自己得在這邊停留到天亮再下山才比較安全。

　　透過車窗,一道弧狀極光灑灑登場,亮眼的白光下緣暈染著一點紅,在空中大範圍灑脫地躍動著,連北斗勺子也顯得相對微小。這場表演,直到晨光逐漸浮現時,仍無停

①弧狀極光登場。
②連北斗勺子也顯得相對微小。
③直到晨光逐漸浮現時，仍無停歇的跡象。

歇的跡象，即便遠方的天空已開始泛白，依然盡其所能地展現著。

✲ 費爾班克斯

攤開阿拉斯加州的州旗，北斗七星與北極星意象已說明了這裡是極北地帶。費爾班克斯城鎮大小僅次於南方鄰近海灣的安克拉治（Anchorage），是阿拉斯加內陸地區最大的城市，人口約3萬多人。座落於北緯64.8度，這裡距離北極圈

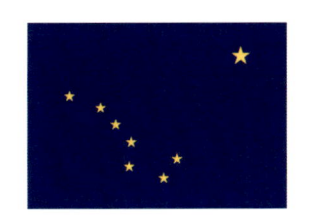

阿拉斯加州州旗。

| Chapter 3　阿拉斯加 | 69

大約還有315公里的路程距離。珍娜河（Chena River）流經此處，於西南方匯入塔納納河（Tanana River）。

道爾頓公路（Dalton Highway）從費爾班克斯北方一路往北直達北極海，全長666公里，曾被評為是美洲最艱鉅的工程之一，以及世界上最危險的道路之一。此公路於1974年建成時，主要是為了支援阿拉斯加大油管（Trans-Alaska Pipeline System）工程，直到1994年才開放給公眾使用。根據統計，冬季每日大約有250輛卡車行經此路。在天候、路況、車況、時間等因素許可下，有些旅人會選擇沿此公路前往北極圈所經位置拍照留念。

黃金心臟公園（Golden Heart Plaza）是一處位於珍娜河濱的大型活動廣場，各式各樣的活動、藝術展演常在這裡舉行，充分捕捉了市鎮的生活色彩與人文風情。即便沒有活動，在白天天氣好時沿著步道散步，也顯得十分愜意。

◀ 黃金心臟公園一景。
▶ 莫里斯湯普森文化遊客中心入口處。

莫里斯湯普森文化遊客中心（Morris Thompson Cultural and Visitors Center）是你不能錯過的地方，來這邊除了可以索取導覽摺頁、做旅遊諮詢，更重要的是可以領取一張北極光證書，證明你有在費爾班克斯看到北極光！

北極村聖誕老人之家（Santa Claus House），是一處位於北極（North Pole）的商場。此「北極」並非指地理北極，而是費爾班克斯東南方的一個小鎮。商場內有不勝枚舉的聖誕意象物品供遊客選購，更不乏紀念品、禮品和明信片。儘管規模遠不及芬蘭羅瓦涅米的聖誕老人村，但仍是值得參訪的地點。

白天除了補眠、走訪各景點，也是事先探勘晚間觀測極光位置的重要時機，以便先對周邊環境、路況有所瞭解。而一個人在地廣人稀的地方開車，餐食也就跟著相對簡單些。

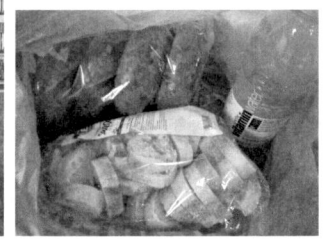

◀ 北極村聖誕老人之家。
▶ 餐食相對簡單些。

❄ 珍娜溫泉

　　從市中心往東北東方遠近馳名的珍娜溫泉（Chena Hot Spring Resort）行駛，路程將近有100公里遠，途經路旁一處可以近距離觀看阿拉斯加大油管的園區。阿拉斯加大油管縱貫整個州的南北，全長將近1,300公里，途經多座城市，亦行經多處地形屏障、山脈、斷層、無數大小河流，以及廣大的永凍土壤等，除了需適應變化多端的氣溫，還得考量生態影響，是極為艱鉅的浩大工程。其目的是為了連接阿拉斯加北部的原油產區和南部的港口，作為輸送原油使用。

　　繼續行駛，柏油路面兩側開始出現積雪，路寬也逐漸縮小。過了一半的路程，連路面也開始覆蓋上厚薄不一的冰雪。由於這邊道路上有冰雪的情況實在太頻繁，當地車子多使用摩擦力較大的輪胎，非特殊情況無需使用雪鏈。

　　第一次在冰雪路面上開車，駕駛技巧可以說是邊開邊學。首先，如有打滑跡象，握穩方向盤、盡量讓車用慢慢滑的方式減速而不要踩剎車（必要時也是踩一點就好）。再者，如有之前車輛開過留下無積雪的局部路面，就盡量開在其上。當絕大部分路面都被冰雪占據而被迫開在一定厚度的冰雪上時，速度要更慢且握穩方向盤。倘前方有來車、預知稍後要做會車時，速度應提前放慢預作準備，往外側移動留出會車空間。如車內外溫差過大時，車內容易起霧，此時可嘗試開啟除霧功能、調低空調溫度並往窗上吹、窗戶開一點。

就這樣被冰雪路面折騰了將近50公里,我終於到了珍娜溫泉。今日遊客人數不多,停車場的車輛屈指可數。露天溫泉池在寒冷的氣溫下顯得更加吸引人,想像夜晚一邊泡著溫泉,一邊欣賞天上的極光,著實會是相當特別的體驗。

阿拉斯加大油管(左)。園區內對大油管的介紹圖板(右)。

露天溫泉池。

渡假村提供住宿服務，讓想要停留幾天的旅人免除舟車往返的勞頓。在園區內的步道走訪，經過各個小木屋住宿區，搭配附近的溪流即景，使人感受到悠閒自適的生活步調。這邊也有較長的森林步道，提供喜歡健行的遊客探訪。

　　停車場旁的冰雕博物館，則是展示了創意多樣的冰雕藝術作品。若是報名渡假村夜賞極光的行程，將會有專車接送旅客前往山上光害較低的山屋。不過，今天整日天氣都陰陰沉沉的，眼看即使到了晚間雲層也不會散去，便把握太陽下山前的時間返回市區。

◀ 小橋、流水，講訴著悠閒的生活故事。
▶ 冰雕博物館。

森林步道一景。

✳ 北方極地博物館

驅車前往位於城市西北側地勢較高的阿拉斯加大學費爾班克斯分校（University of Alaska Fairbanks），這座擁有上百年歷史的學校，前身是由阿拉斯加農學院與礦業學校（Alaska Agricultural College and School of Mines）轉變而來。校內包含有9個學院，以及許多研究機構，諸如農業與森林研究站、地球物理研究所、極地生態研究所、海洋科學研究所、國際北極研究中心等，是當地重要的學術機構。

北方極地博物館（University of Alaska Museum of the North）亦位於校區裡面，供民眾深入瞭解北方極地的歷史與文化。冰屋造型的特殊建築外觀相當顯眼，讓人想進去一探究竟。

來到博物館內部，這裡分為主層與上層，主層包含阿拉斯加意象走廊、小型播映劇院、特展與館藏藝廊、商品店、咖啡區、創意實驗室及教室；上層則有阿拉斯加文化廊道、聆聽室、家庭空間。若是細心探索，此處也足以逛上兩個多小時。

阿拉斯加意象走廊主要介紹阿拉斯加五個地理分區的文化、生態、地理和歷史，是館內最主要的參觀區域，值得參訪者駐足深入瞭解。特展與館藏藝廊則提供了各式各樣的短期展覽及館藏物件，這次前來，正有「極地熱情」與「阿拉斯加大探險：恐龍」兩個主題展區。

部分的展示品註明著「Please Touch」標語，供觸摸感受，但未註明者則不可碰觸，避免對展示品造成影響。小型播映劇院裡，動態極光影像及其他主題短片持續輪換播映

◀ 北方極地博物館。
▶ 白天的珍娜湖畔一景。

著。若是逛得有點累，一旁有咖啡區可以稍作休息。而商品店則包含了種類多樣的書籍、影片、珍品、禮品，以及手工製作的阿拉斯加在地藝術品。

來到上層，阿拉斯加文化廊道展示著豐富的文物與畫作，從古老的象牙雕刻到當代雕塑，不管是由在地或非在地的藝術家或工匠所製作，都是阿拉斯加文化的呈現。聆聽室播放著根據現時環境狀況（如太陽與月亮位置、地震活動、極光等）所驅動而成的音樂，相當有意思。

珍娜湖

晚上9點多，雖然低空有些雲，但天空整體情況還算不錯。來到白天已事先探勘過的珍娜湖（Chena Lake），一邊對著星空調整拍照參數，一邊期待今晚能否再次與極光相遇。

| Chapter 3 阿拉斯加 | 77

①樹林上方透著淡淡的光。
②微光在樹木後方靜靜流淌著。
③有時候,單純的星空也很美麗。
④飛機在樹林後方劃出一道極其耀眼的光芒。

①	②
③	④

　　不久,一旁整排樹林的上方透出淡淡的光,在用相機檢查下,確認是極光無誤。一會兒,一抹微光緩慢伸向空中,在樹木後方靜靜流淌著,散發出些許的迷人氣息。

　　然而,接下來的一段時間,天空持續靜默著。我回到車上等待,看著久久才出現一部的車輛駛入園區往返繞行,似乎是在尋覓適合的觀景點。湖邊泊船處一個紅色週期性閃爍燈成為一明顯光害,拍照時需特別避開。

　　此處遠離城市,仰觀夜空,即使沒有極光,也是布滿了繁星,好不美麗。也罷,有時候,能夠拍攝這般純淨的星

空,也是一大天文樂事。突然,一架遠方小飛機的起飛聲響劃破了寂靜,大燈在樹林後方劃出一道極其耀眼的光芒。

午夜0時左右,聽著遠處同樣來觀星的人們談笑風生,今晚雖然依舊冰冷,但我知道自己並不孤單。持續等候著,終於,湖的對岸有了起色。一道橫躺的光帶由白轉綠,頓時成為夜空中的焦點。

光帶在原處持續醞釀,隨後分出層次,並一度達到亮黃色!接著,開始往上方緩緩擴散,把天空渲染成一片螢光綠色。湖面如鏡,生動地浮現出亮綠身影,對映著天光舞動,在沒有事先彩排的情況下,依舊仿效得完美無缺。

就這樣一上一下,以遠方的樹林為界線,跳著對稱的舞蹈,震撼人心。就連星星也敬業地上下對齊,找不出一點破綻。要是有人倒立地看著這個世界,或許會分不清天空與湖面吧!

沉浸在夜空與珍娜湖聯合上演的光之劇場,眼前的每一幕都如此楚楚動人、每一個當下都深深觸動著心靈。只是,越接近清晨,這邊的霧氣也漸行濃厚,是時候返回了。

隔天晚上,天候再度轉差,甚至滴起冰雨。沒關係,今夜就補眠吧,有了前一晚觀賞極光的經驗,也是值得了,我心裡想著。

這次來到阿拉斯加,在自己駕車的情況下,移動範圍較彈性,可以說是更加體會了極地的生活文化。儘管天氣時好時壞,夜空仍適時有良好的展現。無論是自然環境變化還是當地的人文風情,在這裡都認知及學習了很多。此處氣候固然寒凍難耐、大地固然總是充斥著冰雪,但仍有旅人前來,或許,這就是極地的熱情吧。

①終於，湖的對岸有了起色。
②往上方擴散，把天空渲染成一片螢光綠色。
③薄霧下的極光染上一層朦朧美。
④一上一下，跳著對稱的舞蹈。

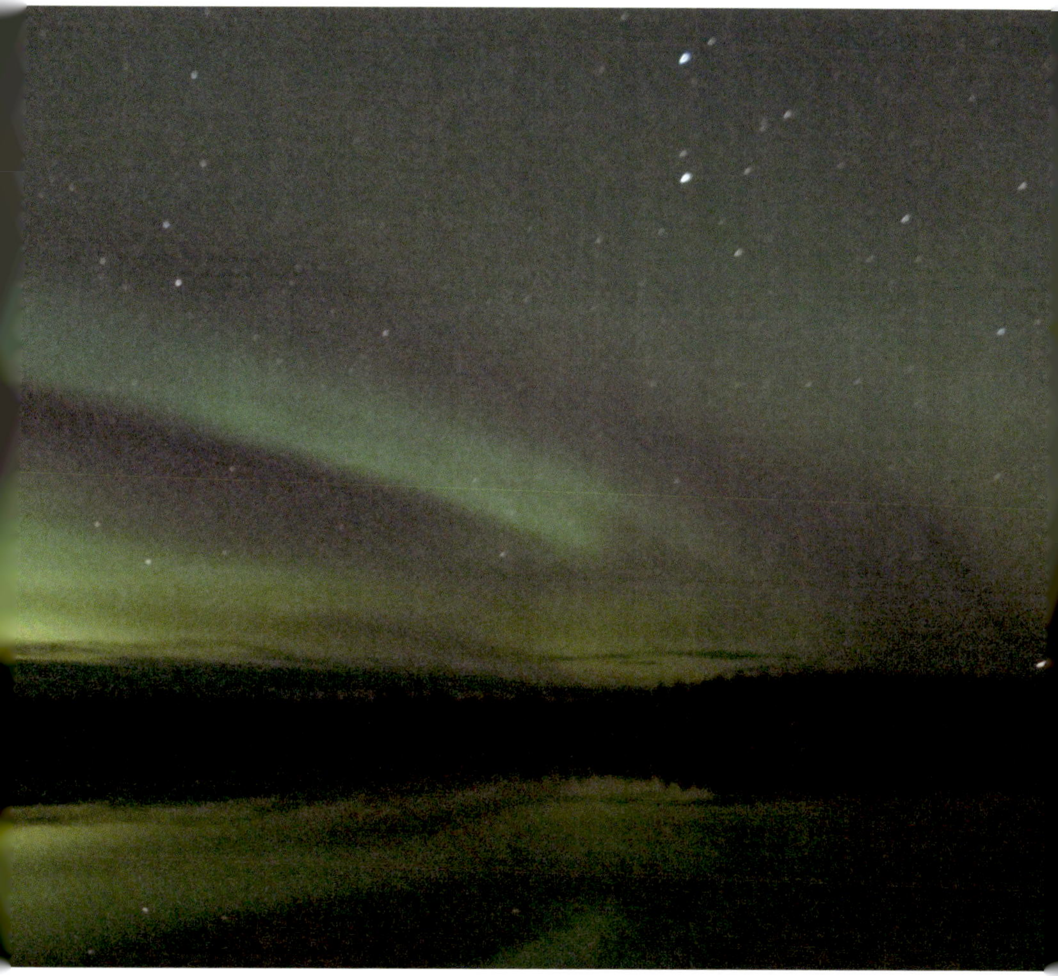

Chapter 4
俄羅斯
Russia

晚間 9 點,帶著攝影器材走上旋轉木梯來到瞭望臺,
深山裡的星空確實沒讓人失望。

✳ 走進西伯利亞

翻開世界地圖,北半球極地地區除了北歐、北美之外,其實還包含有一部分廣大的北亞區域。這位處俄羅斯遼闊內陸、以酷寒之溫帶大陸型和極地氣候聞名的西伯利亞,是許多國人皆曾耳聞卻鮮少會去的地方。

事實上,以目前地磁北極形成的極光橢圓來看,這裡並不適合看極光,極光帶行經此處緯度達到最高。相較於北歐、北美而言,這邊雖然離臺灣較近,但較高的緯度意味著極度寒冷、交通不便,生活機能也有所受限。

2018年11月初,距離阿拉斯加極光之旅結束還不到一個月,正當我在自助旅行論壇上隨意瀏覽的時候,一篇名為「俄羅斯:貝加爾湖(Lake Baikal)、莫斯科(Moscow)、摩爾曼斯克(Murmansk)」的徵求旅伴文章吸引了我的興趣,其中摩爾曼斯克是歐洲俄羅斯適合觀賞極光的地方。

現時地磁北極位置所構造的極光帶於西伯利亞緯度達到最高。

在表達意願後，我們開始共同規劃行程與細節，由對方兩人加上一位之前黃刀鎮的旅伴，總共四人。在時間有限的情況下，撤除自己相對較無興趣的莫斯科，其他行程雖也不盡相同，但有大比例則是一起同行。其中在西伯利亞的貝加爾湖行程，其實並非為了觀測極光而安排，但因亦為本次整體旅行的一部分，所以也予以一併記錄。

對於國人來說，許多旅行者對俄羅斯望而卻步的原因，在於需要辦理麻煩的正式簽證（後記：2023年8月1日，國人入境俄羅斯改為電子簽證），再加上當地多不諳英語，溝通有時較為不便。而當中的西伯利亞，相較於首都圈附近的各大繁榮城市，實又更難吸引人們的興致。在這裡，要屬地緣關係鄰近的中國遊人最多，韓國則是其次。

到臺北跑了幾趟莫北協，幫旅伴們一起辦理好簽證後，一切終於塵埃落定。2019年2月底，我們於深夜在北京首都國際機場會合轉機，並於隔日早上抵達伊爾庫次克（Irkutsk）進行入境手續。這裡是俄羅斯西伯利亞聯邦管區（Siberian Federal District）的第五大城，人口約60萬左右。

在小超市外簡單地吃些東西後，隨即搭乘電車前往當地著名的喀山大教堂（Kazan Cathedral）。醒目的紅色外觀吸引了眾多遊客的視線，室內則是充滿了精美的東正教壁畫及畫像。下午時分，陽光透過玻璃窗灑落在教堂內，任由溫暖散布於人間。

▲◀ 陽光透過玻璃窗，灑落在喀山大教堂內。
▶ 聖十字教堂。

Chapter 4 俄羅斯 | 85

安加拉河畔的凱旋大門。

堤岸欄杆及路燈上綁著一道道愛情鎖。

除了喀山大教堂，市區也有許多同樣具有特色建築外觀和歷史意義的教堂，像是主顯大教堂、聖十字教堂、斯帕斯卡婭教堂等，亦值得走訪。中央市場販售著來自各地的雜貨，從蔬果、巧克力到手工藝、生活用品，五花八門、眼花撩亂。

來到安加拉河（Angara）畔，巍峨的黃白色凱旋大門聳立於此，氣勢磅礴。這裡人不多，河畔廣場上有些人正在垂釣，堤岸欄杆及路燈上綁著一道道愛情鎖，漫步於此，一切顯得既悠閒又愜意。

❄ 冰上行車

隔天一早，乘坐小巴往東北方向行駛，前往貝加爾湖上的奧克洪島（Olkhon Island）。司機行前特別叮囑大家繫妥安全帶、可能會有暈車情形。這段長達將近300公里的路程，大約需要七個小時，途中經過杳無人煙的廣闊荒涼地帶，且因路面不平穩使得車身不時起伏震盪。

中午,來到一處店家休息及用餐,大約停留一個小時。由於其他小巴也都集中於此,室內用餐環境人潮不少,看上去有許多來自各個不同國家的遊人。門口附近一位中國旅遊團導遊忙著跟團員們解說用餐環境、集合時間,我們則是較無壓力地自行探索。

　　我點了看起來像是放大版小籠包的俄羅斯特色食物,儘管味道不比臺灣的小籠包,但覺得在如此偏遠的地方已經心滿意足。牆上雖有電視播映著節目,但也許是大部分人都聽不懂俄語,好像沒什麼人在觀看。

　　車輛繼續行駛來到貝加爾湖畔,身為世界上水容量最大的淡水湖,貝加爾湖同時也是世界上最深的湖(最深處達1,642公尺)、世界上最古老的湖,以及世界上表面積第七大的湖(表面積31,722平方公里,約相當於臺灣面積的88%),其清澈純淨程度可謂數一數二,於1996年被聯合國教科文組織列入世界遺產。

▲ 用餐店內人潮不少。
▼ 看起來像是放大版的小籠包。

奧克洪島是貝加爾湖上最大的島嶼，也是世界上第三大的湖中島。在冬季，湖的表面凍結可達1至3公尺，足以讓人車於其上通行。只見車輛直接從陸地開到湖上，神奇地在結冰湖面上以飛快速度移動，其行駛路徑除了兩側簡單的間隔標竿作為路界外，別無他物。不久，便接上了奧克洪島陸地。

在一處距離湖邊不遠的地方，司機停下車讓大夥兒到外頭拍照。這裡植被看上去盡是枯黃的遼闊草原，草原往湖的那端連上冰雪湖面，再向前接上清澈凍結的湖面，最後到達對岸的遠方山丘，開闊而壯麗。

旅人們紛紛走進路旁的草原中拍照，我走到小巴旁遙望前方路，看著黃褐色的草原和泥土路面色澤大抵相仿，由近而遠一路綿延到無止盡的天邊。在這裡，大地被蒼茫所覆蓋，荒野道盡了無窮淒涼。

▲ 在冬季，湖面凍結之深足以讓人車通行。
▼ 湖邊道路旁望向西方。

✵ 遺世境地

　　行車終點來到奧克洪島上一名為胡日爾（Khuzhir）村的村落，這裡人口大約1,200多人，是奧克洪島上的行政中心，也是貝加爾湖旅館的聚居地。村落裡有數間旅店、幾間小餐館、紀念品和雜貨店，並有一個簡單的郵局。

　　在安置好行李後，眼看天氣晴朗，隨即步行前往薩滿岩（Shaman Rock）準備觀看夕陽。外頭氣溫約莫攝氏零下10初頭度，極為寒冷。來到湖邊，隨著地勢爬升，風也逐漸加大。到了薩滿岩後方的小丘上，是持續性的冷峭強風，不但冰寒刺骨，還叫人難以站穩。

　　由於風勢極為強勁，現場的人們幾乎都站在前方有岩石稍作阻擋的遮蔽處，而往貝加爾湖望去，湖冰上也有些人正在攝影。在如此冰天雪地又強風大作的環境下，身體如同冰棒一般僵硬，不斷顫慄著。

▲ 湖邊道路旁望向北方。
▼ 遙望前方路。

▲ 薩滿岩夕照。
◀ 在湖冰上觀夕陽也有不錯的景象。
▶ 碼頭星空。

　　山丘上13根薩滿石柱，各個綁著五顏六色的布條，是薩滿人的信仰支柱。在這具有靈性的空間，看著遠方夕陽在無邊無際的湖冰上漸行刻出參差不齊的金黃色輝芒，聽著強風

陣陣呼嘯著，引燃旅人心中無限感觸，直到天光落幕的那一刻，仍無法忘懷。

村落人車不多，道路多為土路，在車輛經過時揚起些許黃塵。夜晚，前往碼頭拍照，仰望天際，是近乎完美的暗夜星空。在冬季，湖水凍結，碼頭派不上用場，船隻被冰封在湖岸，一旁還有廢棄的舊船。我架好腳架，在充滿冰雪的木棧道上小心翼翼地尋找適合拍照的地點。

周遭不時傳來湖冰裂解的聲響，每每都牽動著情緒，實有如置身在哪部天寒地凍的電影場景中。夜裡凍寒難耐，若不是為了拍攝星空，任誰也不會想在這裡久留。

深夜，獨自走回旅店的路上，我靜靜地看著繁星熠熠的天空。身處這與世隔絕的境地，世事是如此遙遠，宛如暫時離開了人間，來到另一個世界。

參加奧克洪島南、北線行程，這回，不但再次體驗冰上行車的感覺，還實實在在地踏上了貝加爾湖冰面。走在湖的表面上，可以感受到湖面極其堅硬、十分鞏固，但需慎防滑倒。

裂紋冰面透映著不同層次的藍色色調，美得令人無法呼吸。湖上巨岩吊掛著滿滿冰柱，在某些區域形成冰洞穴，引起遊人們爭相容身拍照。堆積的藍冰散發出翡翠色的光澤，晶瑩透亮。

在奧克洪島南方附近湖域，湖底植物產生的甲烷氣體在上升到接近湖面時被凍結，形成「氣泡冰」景象，相當壯觀。在一處湖冰中，氣泡以旋轉上升方式凍結，於攝影時，就地搭配太陽反射的光影，營造出夢幻感十足的「冰中火燭」意象。

①滿滿冰柱。
②冰洞穴。
③堆積的藍冰。
④裂紋冰面透映著不同層次的藍色色調。

①	
②	④
③	

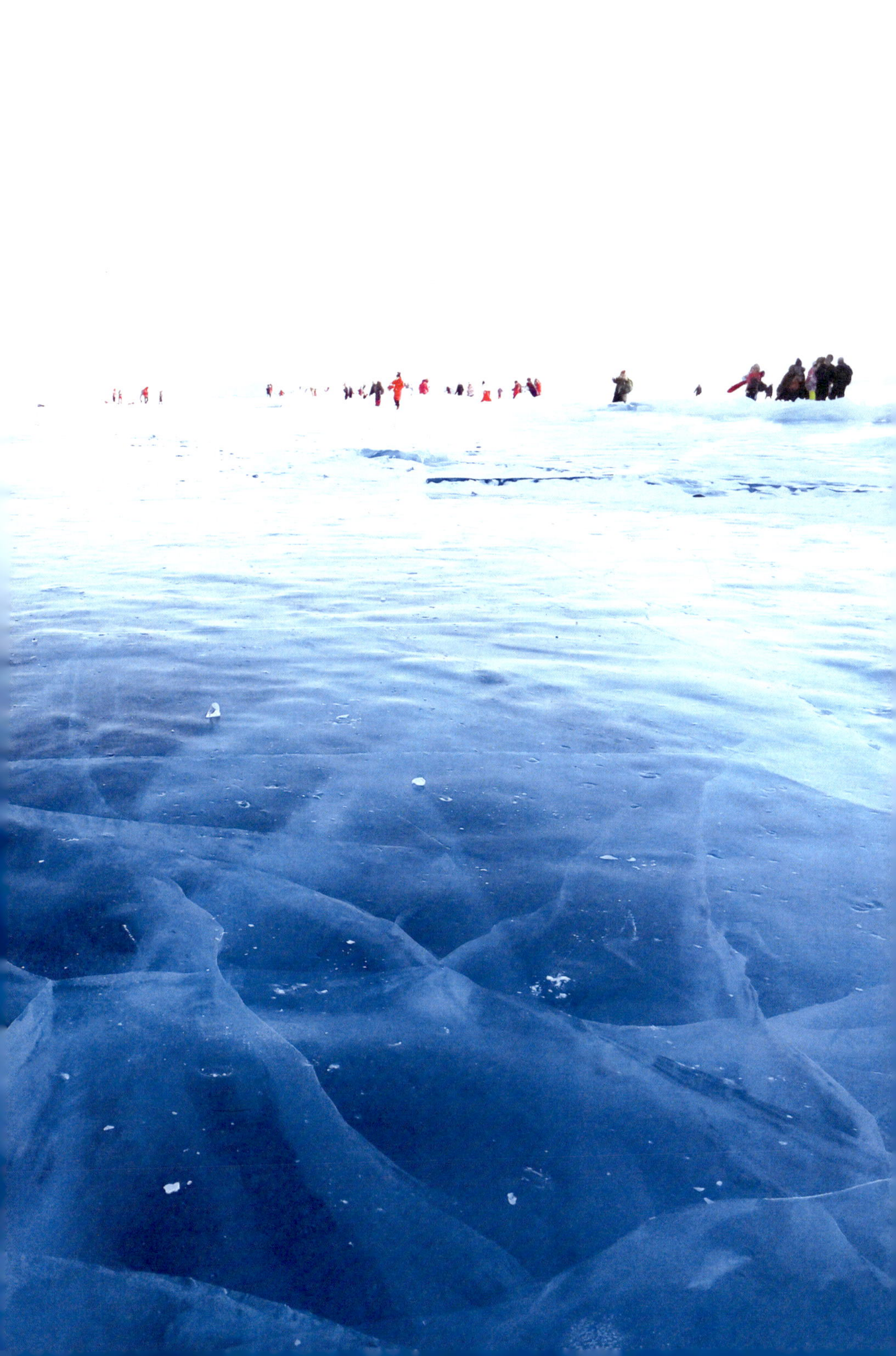

在壯闊的貝加爾湖上,看著這般不可思議的景觀,呼吸著既冷冽又清新的空氣,原來,世上竟有如此純淨的美。這裡不需要寫詩,因為湖冰已經訴說了一切。

氣泡冰(左)。冰中火燭(右)。氣泡冰擴大攝影(下)。

◀ 摩爾曼斯克機場。
▶ 在冰冷的3月天，港口也沒有結凍。

❋ 極地首都

　　搭乘小巴返回伊爾庫次克後，於隔天搭乘國內航班前往莫斯科謝列梅捷沃國際機場（Sheremetyevo Alexander S. Pushkin International Airport）。兩位旅伴先在這裡停留幾天，待之後會合，我與另一位旅伴則先後繼續轉機前往摩爾曼斯克。

　　中午，從機場轉乘公車前往市區，公車上一位在地居民看我是外國人，或許覺得新奇，便前來攀談，但對方不太會講英語，我們只能盡其所能地各自表達。在瞭解我是前來旅行後，他開始用俄語比手畫腳、一路上滔滔不絕地介紹起這座城市，我雖然似懂非懂，但也足以感受到對方的友善與熱情。

　　摩爾曼斯克位處北緯69度，是北極圈內最大的城市，號稱極地首都，人口將近30萬人。城市緊鄰北極海巴倫支海（Barents Sea）領域的科拉灣（Kola Bay），北大西洋暖流效力遠及此處，使得港口成為終年不凍港。雖然歐洲俄羅斯整體名義上要屬東歐，但此處無論是在地理、歷史、文化等面向上實則皆為北歐。

從公車站步行前往住宿地點，積雪覆蓋著大地，寒冷極了。來到住宿處，雖然有事先聯繫，但還是在外頭等候了將近一個小時，弄得整身凍僵。在不斷嘗試聯繫之下，總算看到房屋主人前來，而我們只管趕緊進入室內，心想：有來就好、有來就好。

來到這裡，可以走訪北極圈城市標誌，其上標有當地的經緯度（北緯68度58分，東經33度3分），是身在摩爾曼斯克的最佳證明。列寧號破冰船，是世界上第一艘核動力水面艦艇及核動力民用船隻，作為俄羅斯北部沿海破冰、引導航線用，於1989年退役後，轉變為博物館供旅客參觀。

市中心的大型購物城提供採買物品需求，這裡物價較低，肉桂捲一個要價32.59盧布，折合新臺幣大約16元。此外，全球最北的麥當勞亦位於此處。（後記：2022年，由於國際事件導致的各方面壓力，麥當勞已於同年退出俄羅斯市場，現時全球最北麥當勞為2024年3月於挪威特羅姆索開幕的分店。）

▲ 公園一隅。
▼ 雪白的市區街道。

◀ 肉桂捲是北歐常見的傳統點心。
▶ 曾經位於摩爾曼斯克的全球最北麥當勞。
▼ 列寧號破冰船。

　　這裡時有大雪紛飛的天氣，然而儘管氣候嚴寒，當地居民卻早就習以為常。天氣好時戶外人車依然眾多，小孩在雪地裡盡情玩耍，是一座充滿活力的大城市。

　　我們報名了在地的極光獵遊團，整體含交通往返大約為三個小時。今晚天氣多雲，氣溫來到攝氏零下17度。等候了許久，嚮導終於前來，算一算參加的團員一共有八人。

乘坐小巴來到城市西邊山區，這裡視野遼闊，但因雲層不少，所以看不出任何極光活動。低溫使得手腳冰冷寒凍，在喝過嚮導的伏特加調製飲品後，著實有暖和一點。不久，雲層漸開，一道綠光出現在空中，大夥兒開始拍攝，但因團程時間因素，停留一陣子便需返程。

隔天晚上再度參加時，團員只剩我們兩人，這次改乘廂型車到城市東南方森林區。今晚晴時多雲，極光活動整體較前一晚佳，過程中亦有大型旅遊團前來觀看。

❋ 森林小屋

原定於隔天離開摩爾曼斯克的城市光害區，轉往城市東北方、路程大約134公里的偏遠小鎮捷里別爾卡（Teriberka）繼續探尋極光，但短時天氣預報顯示當地接下來的雲量將相當可觀。

此行畢竟是以觀看極光為主，應在提高觀測成功率上盡力而為。在與旅伴討論許久、分析鄰近地點的天氣和極光狀況後，決定臨時更改至城市南方不遠處的科拉（Kola）。接下來，便是一連串緊急的訂房、取消原本訂房、更改交通接駁等確認和聯繫事項。

山上的森林小屋，戶外皆是厚重積雪。

在科拉東方光害低的山區，有一森林小屋形式的旅館，只要走出戶外即可觀賞極光，無需再做長距離移動，且天氣預報亦較捷里別爾卡好些。跟摩爾曼斯克大城比起來，這裡沒有城市燈光的影響，也不會受到當地極光獵遊團的行程時間限制，理想許多。

　　我們與稍早在莫斯科停留的兩位旅伴於機場再度會合，接駁車則比表定時間還晚了30分鐘前來。來到山上的森林小屋，戶外皆是厚重積雪。所幸，今日天氣還算晴朗，希望晚上的天空可以有所表現。

　　除了雪地，眼前還有大片的森林小徑，任人自由走訪探索。我往東朝基利金斯科耶湖（Lake Kildinskoye）的方向走去，體驗雪地健行的感覺。偶爾經過幾處人工建物，但皆空無一人。來到可以看到湖的地方，只見湖面凍結披上層層雪，與一般陸地無異。

　　晚間9點，帶著攝影器材走上旋轉木梯來到瞭望臺，深山裡的星空確實沒讓人失望。大片散發狀的極光，掀開了今夜的光舞篇章。在幾次左右搖曳後，光線往兩側分別集中，如同一對向上發散的雄偉羽翼。

　　一道寬廣的帶狀極光灑脫登場，像是一支粗大的螢光筆畫過天區，把行經的背景星空標註起來。接著，往左右平行分裂，當中又以兩道特別顯眼，形成頻率符號「ν」的形象。然後，底部逐漸拉長，並甩動蕩漾，有如兩端不斷拉扯的U型彩帶。此時，中間一束原本不明顯的光陡然增強壯大，不斷向下延伸直到接上了底部，大致呈現了「W」字形。最後，左邊又浮現一半透明分支，使得整體看起來酷似一隻巨大手掌向上舉起。

大片散發狀的極光,掀開了夜晚的光舞篇章。

寬廣的帶狀極光登場。

彎曲火把在夜空中熊熊點燃。

　　一支極其亮眼的彎曲火把在夜空中熊熊點燃，絢麗指數破表。只見它快速地轉動、左右擺盪，變成一把指向空中的旋轉號角。號角上半部的亮度驟然加劇，成為耀眼的強烈白光，縱使無聲，卻也能想像它正在吹奏的樣子。接下來，減緩至依然亮眼的綠色，然後左右逐漸拉長、輪廓轉趨柔和，就像一縷炊煙，纏綿不絕。即便是結尾方式，也令人拍案叫絕，眼看它下半部逐漸褪去，其餘卻向外延展，轉變為一隻頂部被絲帶牽絆的燕子，飛越天際，留下現場瞠目結舌的我們。

102 | 北極・光之旅 |

①往左右平行分裂。
②形成頻率符號「ν」的形象。
③有如兩端不斷拉扯的U型彩帶。
④大致呈現了「W」字形。
⑤酷似一隻巨大手掌往上舉起。

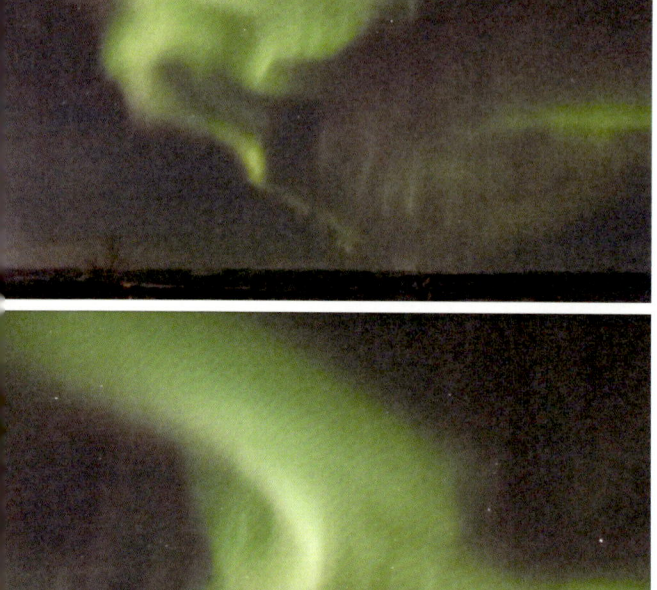

①
②
③

①指向空中的旋轉號角。
②就像一縷炊煙,纏綿不絕。
③像是一隻頂部被絲帶牽絆的燕子,翱翔於天際。

☀ 零下二十度

　　天空有如畫盤，被隨意地畫上了幾筆，但就算只是這幾頓幾撇，也是讓人賞心悅目。在攝氏零下17度的環境下拍著縮時攝影，令人直打寒顫，但為了呈現良好的成果，我還是堅持在戶外守候著。話是這麼說，雖然身體固守在外頭，但心裡則是無論如何都想隨時丟下手邊工作，立刻狂奔進室內。

　　過一下子，低空出現了曲折纏繞的黃綠色光彩，好似一盞神燈，奇幻無比。只不過，接下來的劇情並非如大家所想的冒出一陣煙和精靈，而是逐漸擴展並往上發散，有如一架巨型飛碟從天而降。隨後，往高空繼續擴散，拉出幾絲帶點紫紅色韻味的線條，然後持續消長，形成一個看似「＜」的符號，在空中淒美地燃燒著。

　　凌晨時分，現場僅剩我一人與凍寒低溫持續奮戰著。於這樣嚴寒的環境下待了數個小時，儘管手裡握著暖暖包，卻依舊感到極度寒冷，而在身體保暖都成問題時，實在無暇顧及相機溫度這般細節了。

　　我一邊調整相機設定值，一邊思考著是否是時候返回屋內。在室內外溫差如此龐大的情況下，相機一旦回到室內，連鏡頭內部都會迅速起霧，而難在短時間內繼續使用。看著即將耗盡的相機電力，但又蓄勢待發的夜空，我決定拍到沒電就立刻回去！

①
②
③ ⑤
④

①天空有如畫盤，被隨意地畫上了幾筆。
②好似一盞神燈。
③有如一架巨型飛碟。
④往高空擴散，拉出幾絲帶點紫紅色韻味的線條。
⑤形成看似「＜」的符號。

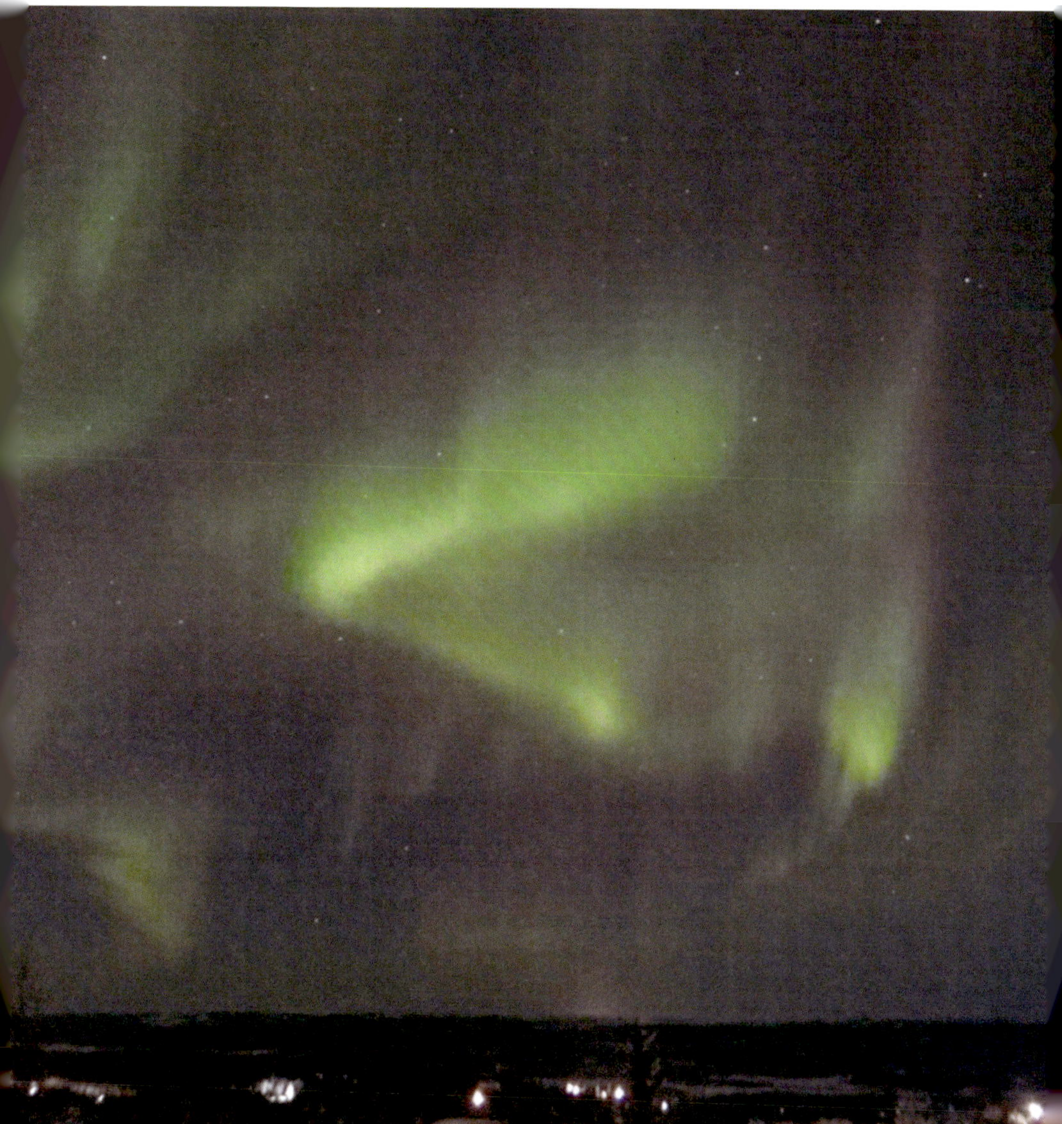

一會兒，大片散發狀極光再度崛起，不同於前次往兩側集中，這次則是糾結在一起，如同一個巨大的花托，撐起半邊天空。恢復平靜又過了一陣子，數個光點在空中醞釀著，分分合合，最後大致是連在一起了。看上去像極了幾個字母在空中灑落下來，奇特場景完全是始料未及。

　　清晨，我睡意未泯地前往用早餐，途中經過外頭順道看一下溫度計，顯示為攝氏零下20點多度。在這樣的氣溫下，哪怕只是一點輕風吹拂，都叫人渾身顫動。不知道是否為昨晚消磨太多體力，今早覺得特別有食慾。

▲ 如同一個巨大的花托。
▼ 像極了幾個字母在空中灑落下來。

108 | 北極．光之旅 |

兩位旅伴於今日上午離開前往市區，我與另一位旅伴則於此處續留一晚。不過，這一天天氣從晴時多雲轉為多雲，到了晚上，大片的雲層已無法看出一點極光活動。

　　這次旅行，我們橫跨歐亞，在西伯利亞遺世獨立的胡日爾村上觀賞著絕美夕陽、在黑暗碼頭裡仰望著夢幻星空、還在貝加爾湖壯闊的裂紋冰面上行走著；此外，也在極北城市中體驗著大雪紛飛時的感覺、在積雪厚重的森林小徑中健行、在深山裡翻閱著既動人又凍人的光舞篇章。雖然總是寒氣逼人，但也對這樣的環境更能感同身受，除了深刻領略截然不同的在地文化，也更謙虛地在旅途中認知、學習與成長。

溫度計顯示為攝氏零下20點多度。

布林餅，是俄羅斯傳統的經典薄煎餅。

Chapter 5
冰島、格陵蘭
Iceland and Greenland

這一晚下來,雖然弄得疲憊不堪,但也打從心底深深地感謝上帝,縱使是在夜最深的時候,也聽見了旅人聲音。

☀ 冰火交織的島嶼

在初次前往尋找極光之前，耳聞身邊朋友如曾看過極光，最多便是在冰島。這個位處大西洋中洋脊之上、在北大西洋與北冰洋交匯處的北歐國家，面積接近臺灣的三倍大，全境遍布了火山、冰河、地質活動，是一座冰火交織的島嶼，豐富的大自然景觀於此一覽無遺。

儘管北極圈僅僅由島嶼北方擦身而過，但在極光指數平均值下，冰島幾乎是全境皆位於極光帶內。然而，變化多端的大氣環境，也常為其帶來不穩定的天候狀況。

或許是有多位認識的朋友去過，冰島反而比較激不起自己的興趣，在最初開啟極光旅行之時，這裡並不在考慮的範圍內。2019年7月中，正思考著下次旅行要去哪裡時，心中萌生一股想法：不如，就繼續去尋找極光，將還未去過的北極圈國家也一併探訪？就這樣，促成了冰島之行。

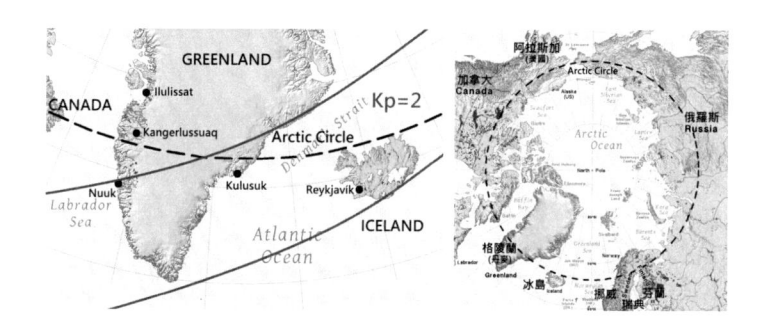

◀ 在極光指數平均值下，極光帶幾乎通過冰島全境。
▶ 北極圈行經國家概觀。

而位於冰島西邊的格陵蘭,此時不去,更待何時?前往格陵蘭的航線不多,實無多少選擇空間,機票也相當昂貴。在規劃冰島的同時,將鄰近的格陵蘭一併納入,已是盡力顧及交通費用之舉。

　　同樣以觀賞極光為主,這次行程先在冰島待兩至三天,之後前往格陵蘭數天,回程再返回冰島停留一至兩天。除了剛開始在冰島的行程,有幸找到兩位香港旅伴於當地駕車同行之外,其餘則是自己一人了。

　　2019年9月後半,跟第一次尋訪極光時相同,我從赫爾辛基機場來到北歐,只不過接下來不是轉往北方國內線,而是繼續轉機前往冰島。傍晚來到雷克雅維克(Reykjavík),在機場辦妥租車手續後,便前往近郊遠離城市光害的住宿點。

　　晚上9點50分,彎來繞去總算找到這處隱密的旅宿。即將下班的櫃檯人員笑著說我是他今天最後一位客人,鑰匙在剛剛已事先拿到外頭掛著,我打趣地回應來程花費不少時間找路的經過。夜裡,看著陰沉的天空,剛好因為舟車勞頓也是累了,明日還得早起,今晚只管休息便是。

　　清晨,開了大約50公里的車程返回市區與兩位旅伴會合。同樣在北歐、同樣為駕車、同樣是三個人,不禁令人想起之前那次在瑞典、挪威、芬蘭開車尋訪極光的點點滴滴。

　　雷克雅維克是世界最北邊的國家首都,人口約有13萬人。走進市區街道,來到冰島國立美術館(National Gallery of Iceland)旁的湖畔,悠閒氛圍不言而喻。再向濱海一帶走去,你可以在特殊外觀造型的Harpa音樂廳裡一飽文化藝術氣息,也可以前往太陽航海者(Sun Voyager)觀賞獨特的船型雕塑造景。

▲ 太陽航海者雕塑造景。
◀ 湖畔望向市中心。
▶ Harpa音樂廳特殊的建築外觀。

Chapter 5 冰島、格陵蘭 | 113

哈爾格林姆教堂（Hallgrímskirkja）身為冰島最大的教堂，高達74.5公尺，已是雷克雅維克最高的建築，可謂城市地標。即使是在冰島全境，也僅次於附近科帕沃于爾（Kópavogur）市鎮、高度78公尺的Smáratorg Tower。

在城市與國際機場（Keflavík International Airport）的路途之間，你不可錯過著名的藍湖溫泉（Blue Lagoon）。在冒著蒸氣的蔚藍色水池裡，望著遠方不斷上升的地熱白煙，有如沐浴在大自然中。在這裡，你可以盡情地享受泡湯時光，也可以在煙霧繚繞的環境中，傾聽自己內心的聲音。

▲ 哈爾格林姆教堂。
▲ 藍湖溫泉外步道一景。
▼ 煙霧繚繞的藍湖溫泉。

◀ 塞里雅蘭瀑布。
▶ 彩虹瀑布。

❋ 地景地貌大教室

　　這兩天，我們沿著冰島南面環島公路探索。塞里雅蘭河（Seljalands River）行經60公尺的高度落差，造就了聲勢浩大的塞里雅蘭瀑布（Seljalandsfoss）。觀光步道行經瀑布後方岩壁凹面，供360度環繞觀賞。高度相仿的彩虹瀑布（Skógafoss），有著更大的寬度（25公尺），氣勢磅礴，因在晴朗的天氣容易出現彩虹而得名。

　　天空下起雨，一位旅伴建議前往停車場附近一處不定時販賣的炸魚薯條餐車購買午餐，餐車採用每日捕撈的道地新鮮漁獲，確實值得嘗試。

停車場附近一處餐車販賣的炸魚薯條。

| Chapter 5　冰島、格陵蘭 | 115

◀ 傑古沙龍冰河湖。
▶ 鑽石沙灘。

　　來到冰島東部地區聞名的傑古沙龍冰河湖（Jökulsárlón），它是由冰島最大的冰川——瓦特納冰川（Vatnajökull）融化所造成，湖中漂浮著多處藍冰，景緻壯麗。冰河湖出海口的沙灘上，散落著大小不一、潔淨透明的碎冰，有如撒落在沙灘上的鑽石，景色極為特別，稱為鑽石沙灘（Diamond Beach）。

　　附近同樣是頗負盛名的藍冰洞，通常於11月至隔年3月間開放，於此時節則因積水尚未凍結而無法參觀。由於天氣及環境不斷變化的因素，參觀時需由專業嚮導帶領，避免自行前往以確保安全。

　　折返前往位於維克（Vik）附近的黑沙灘（Reynisfjara Black Sand Beach），其特殊的黑色沙子是由於火山噴發而形成。柱狀玄武岩和海蝕地形，加上灰濛濛的天空，有如走進電影場景，不禁讓人讚嘆起大自然的鬼斧神工。

◀ 藍冰洞。(Mark Olsen提供)
▶ 黑沙灘、柱狀玄武岩與海蝕地形。

最後,則是回來走訪冰島經典的黃金圈(Golden Circle)行程。站在巨大的火口湖(Kerið)上,想像著它形成的過程,令人不得不佩服這宏偉的巨作。古佛斯瀑布(Gullfoss,又稱黃金瀑布),是Hvítá河行經峽谷時所形成的壯觀景象。走在一旁的步道,無論是遠觀或近看,都能感受到其壯麗非凡。在史托克間歇泉(Strokkur)旁,你可以感受到地熱活動正無時不刻進行著。由於時間的關係,我們捨去來回需步行7公里的藍色祕境瀑布(Brúarfoss)。

辛格維利爾國家公園(Þingvellir National Park),不但有著壯闊的景觀,也具有豐富的歷史文化意義。北美洲板塊與歐亞大陸板塊於此交會,成為大西洋中洋脊所經之處,而這裡也曾是冰島議會的開議地點,於2004年被聯合國教科文組織指定為世界文化遺產。

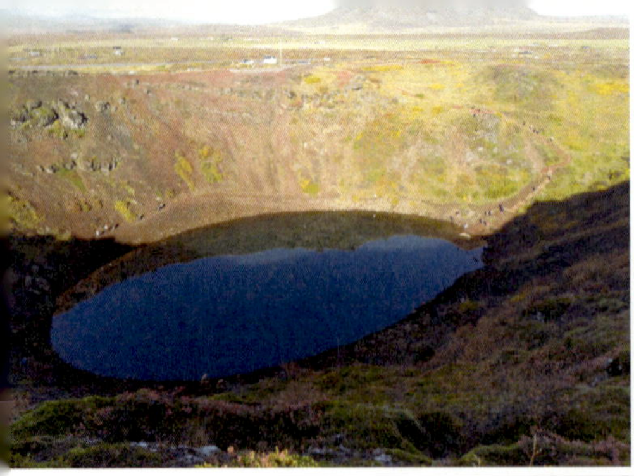
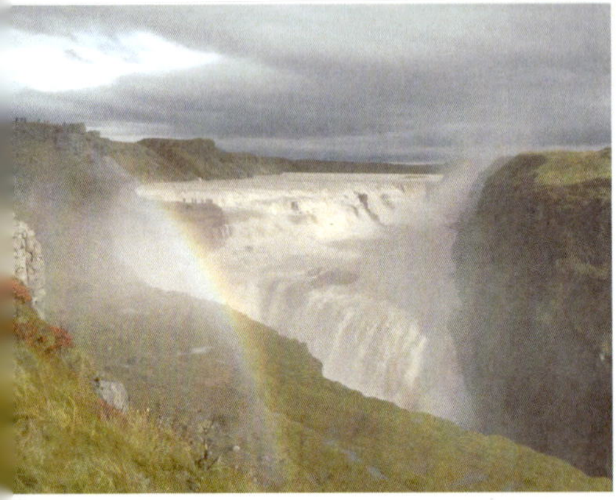
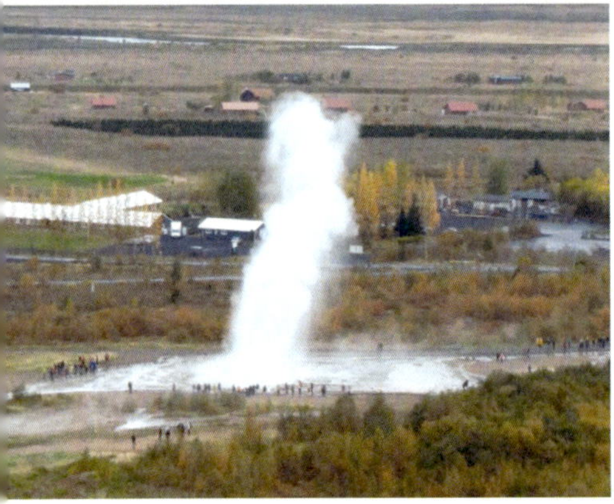
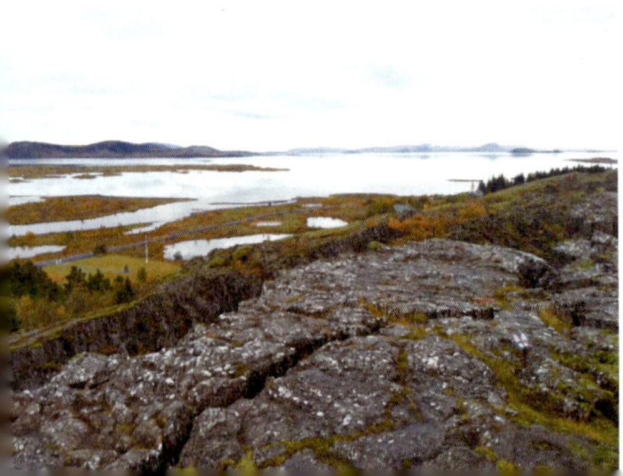
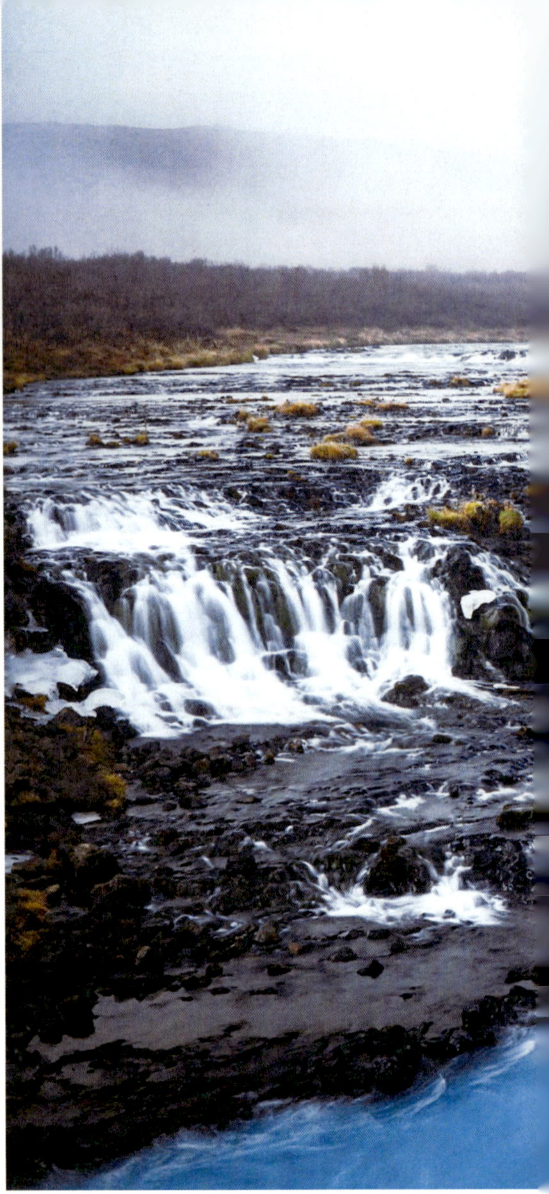

① 火口湖。
② 古佛斯瀑布。
③ 史托克間歇泉。
④ 辛格維利爾國家公園一景。
⑤ 藍色祕境瀑布。(Kameron Kincade提供)

晚間將兩位旅伴送回雷克雅維克市區後，我便驅車前往城市北方近郊處的住宿點，到達時已是深夜時分。這邊天空依舊下著不小的雨，氣溫則不到攝氏10度，寒意十足。花了好些時間查看幾處門牌後，總算找到今日的旅宿。從窗外依稀可見大廳的燈亮著，只不過，裡面無人、大門也已上鎖。繞著房屋尋找，總算在後面找到一處未上鎖的門，進入後，房門鑰匙放在桌上的入住歡迎信裡。

　　這兩天晚上，天氣持續都不理想，也罷，明日還得早起前往機場呢。在簡單地吃些東西後，便趕緊休息了。

✵ 冰雪世界

　　一早，來到雷克雅維克國內機場（Reykjavík Airport），準備搭機前往格陵蘭。你沒聽錯，從冰島前往格陵蘭，較為特殊的是從國內機場出發。接下來，居然要從歐洲跨越到北美洲了，我手裡拿著登機證，直到此刻仍覺得不可思議。

　　身為丹麥領土的格陵蘭，是世界上最大的島嶼，人口5萬多人。全境大約有八成面積被冰雪覆蓋，是名副其實的冰雪世界，各個城鎮之間沒有陸路可以連通，宛如孤島一般。其上並有世界上面積第二大的冰蓋，僅次於南極。

　　由於即使在城鎮之間移動，機票費用仍相當可觀，我當初便選擇前往一個點停留即可。或許是交通費用考量，由臺灣前往格陵蘭的旅客大多是選擇到距離冰島較近的東岸城鎮Kulusuk，然而其西岸實際上才是觀光資源較為豐富的地區。

◀ 從雷克雅維克前往伊盧利薩特的登機證。
▶ 伊盧利薩特機場。

努克（Nuuk）作為此處的首府，有將近三分之一的人口聚居於此，是生活機能較為齊全的地區；Kangerlussuaq是唯一的國際機場所在地，較大型飛機需停靠於此；伊盧利薩特（Ilulissat）則是這裡觀光業發展最多的小鎮，也是本次旅行選擇前往的地點。

原定從雷克雅維克直飛伊盧利薩特的航班，因天候因素，臨時改至Kangerlussuaq轉機。在鄰近海岸的地方，從飛機窗戶往下可見海面上大片冰山景象，壯闊場面令人嘆為觀止。

從飛機窗戶往下看，是大片冰山景象。

| Chapter 5　冰島、格陵蘭 | 121

▲ 房屋各個漆上了繽紛的色彩。
▲ 從小鎮望向海邊。
▼ 夕陽西下時望向海邊。

　　下午3點，比表定時間晚了約三個小時，班機抵達伊盧利薩特。拖著行李來到機場外面，看著周邊的環境，再回首往機場望去，我在自己身上拍打了幾下，確認這不是在做夢。印象在小時候，一位小學老師曾提到這裡，然而當時是那麼地遙不可及，如今，竟身歷其境了。

　　伊盧利薩特地處北緯69.2度，大約在北極圈以北350公里處，人口約有4千多人，其地名在當地的語言中即表示「冰山」之意。這裡年均溫僅有攝氏零下3.7度，即便是在最熱的七月天，月均溫也僅有攝氏8.3度。

　　來到住宿處，由於屋主只收丹麥克朗現金、不接受信用卡，但身上大面額現金只剩歐元，於是隔天便前往城鎮中心一間小小的銀行兌換外匯，順道感受一下在街道上行走的氛圍。

　　小鎮人車不多，房屋各個漆上了繽紛的色彩，好比丹麥童話故事中的小屋，為當地生活注入了一股活力。隨意望向海邊，便是驚人的冰海即景，於夕陽西下時，尤其寫意。

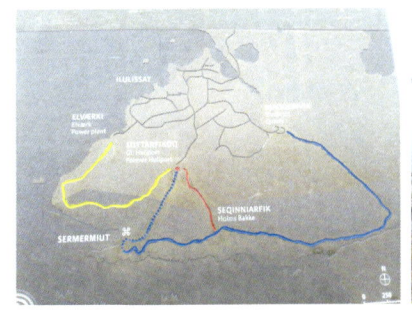

◀ 步道分為紅線、黃線、藍線。
▶ 黃線一處望向城鎮中心。

✷ 極地健行

　　來到伊盧利薩特，一定要去健行。作為一個無需花費就能飽覽冰峽灣（Ilulissat Icefjord）美景的活動，你又怎麼能錯過？伊盧利薩特冰峽灣從格陵蘭冰原起一路往西，行經40公里後於小鎮南方匯入迪斯科灣（Disko Bay），在2004年被聯合國教科文組織列入世界文化遺產。

　　Jakobshavn冰川在峽灣中扮演了舉足輕重的角色，這個北半球流量最大的冰川，每天可以流動20到35公尺，這相當於每分鐘流動1.39公分到2.43公分，而每年則大約有200億噸裂解的冰山從峽灣匯出，相當可觀。

　　健行步道位於小鎮南方，其路線可通往冰峽灣岸邊。步道由易至難分為長度1公里的紅線、2.7公里的黃線以及6.9公里的藍線。其中藍線從起點到海岸的1.3公里部分又稱為

| Chapter 5　冰島、格陵蘭　| 123

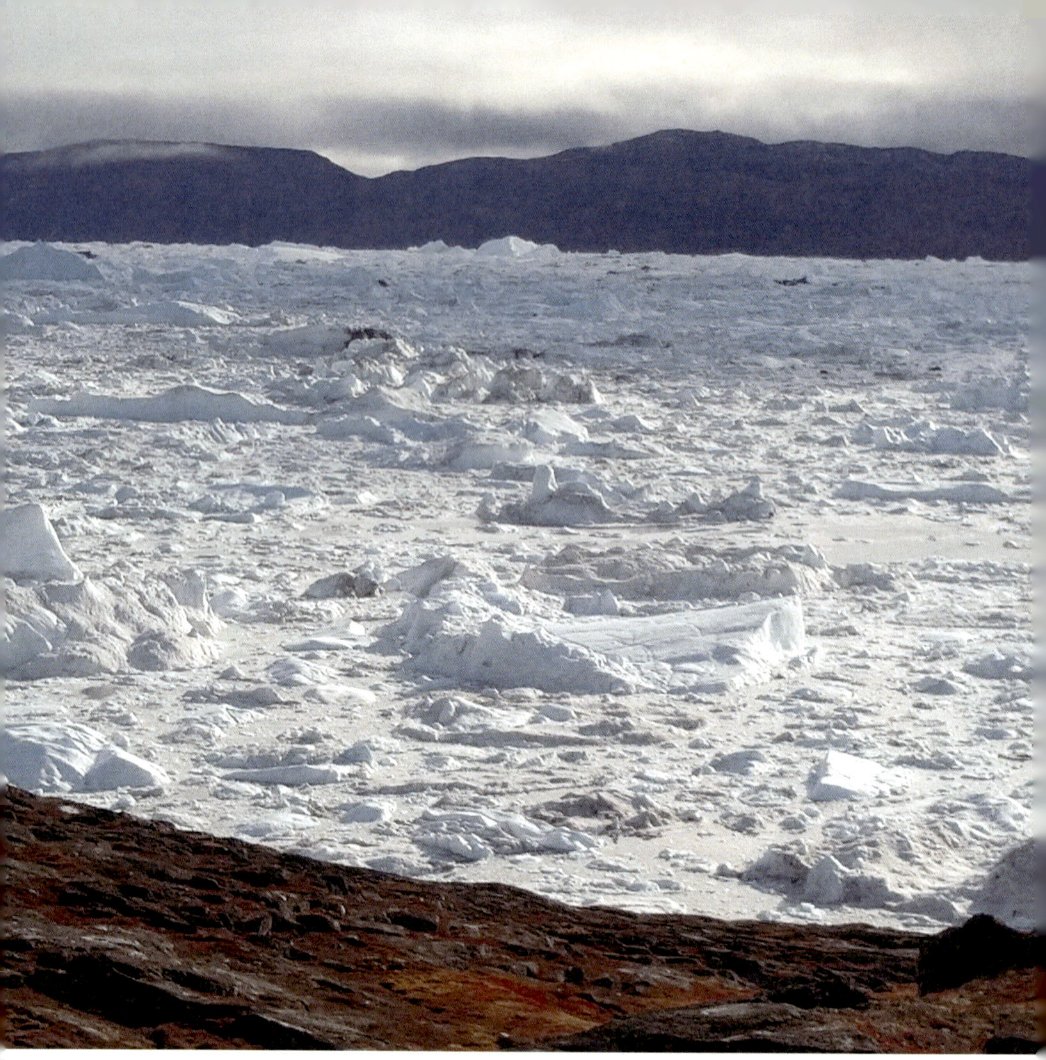
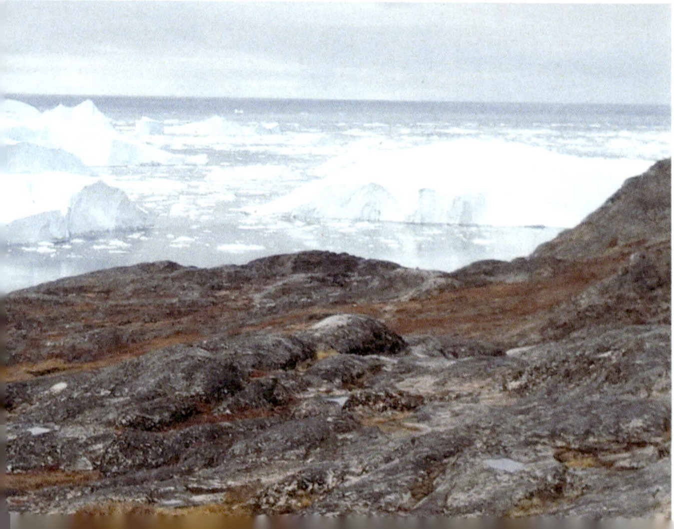
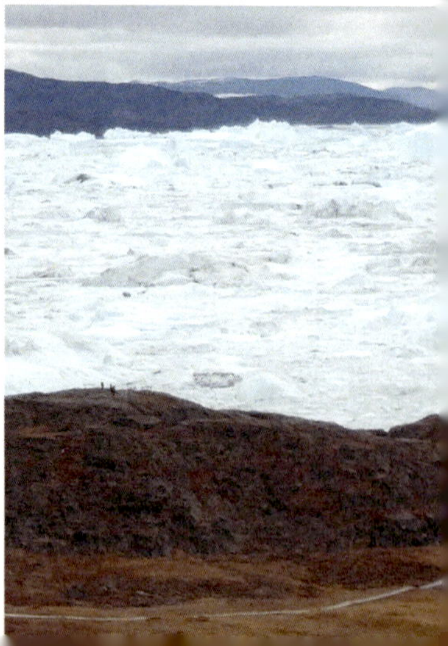

世界遺產步道,其難度較紅線簡易。步道中包含木棧道、階梯,但更多的是高低起伏的岩壁、沙石、草地和苔蘚交錯的地面,僅在木柱或石頭上做路線顏色標記,保持了相當原始的地貌。小鎮上遊客不多,這邊就更少了,久久才遇到一個人。

來到海岸,映入眼簾的先是峽灣上的冰山景象,隨著步道前行,冰山分布在海面上的密度越來越大,終至連成一整片。眺望著壯觀的冰峽灣景色,呼吸著純淨又凜冽的空氣,在這遠離世間喧擾的地域,一切是那麼地自然而平靜,卻也因隻身一人而孤獨不已。在無垠的冰海和荒野中,我們是如此地渺小,讓人不由得感慨萬千。

①無垠冰海。
②冰山出現。
③冰山連成一整片。
④冰峽灣一隅。

步道大部分是原始的地貌。　　步道旁有大規模工程正在進行。

　　回到三條步道交匯處的路上，有工程正在進行，其規模之大，難不成是要蓋遊客中心？（後記：2021年9月，伊盧利薩特冰峽灣遊客中心Ilulissat Icefjord Centre於此正式對外開放。）

　　返回小鎮的路上，聽著雪橇犬的嚎叫聲此起彼落，我心裡則是想著，這天的運動量大概足夠了。來到超市，大部分的物品都是由丹麥運送過來的，我選了一小袋真空包裝的在地出產蝦仁，準備晚上煮食。

　　回到有網路的住宿處，休息時隨意在線上論壇發了一篇與旅行無關的文章，沒想到有眼尖的網友看到IP位址便回應：「現在的VPN進步到有格陵蘭了？」「格陵蘭能住人嗎？」一連串無關文旨的留言，令人啼笑皆非。

超越極光帶

　　由於前幾天在冰島天氣不佳，這次極光之旅至今仍未見到主角，使得格陵蘭的夜晚更加讓人冀望。只可惜，來到這邊的第一個晚上，天氣依然多雲。看了看雲層密布的天空，也只能摸摸鼻子，回室內休息了。好消息是，天氣預報顯示接下來幾天將轉趨理想。

隔天夜裡，來到住宿處室外空間，昨日的雲層早已消失殆盡，取而代之的是整片星空。這星空，是多麼地純淨啊，儘管沒有極光身影，也叫人沉醉其中。過一會兒，天空浮現三道垂直白光，活潑地左右擺動著，雖一度增強到明亮的綠，卻也很快地淡白回來。

　　我睜大眼睛，想將前幾晚的落空一次補回來。看了看極光即時預報APP，顯示此處目前可見極光機率為0%，看來這就跟天氣預報的降雨機率有著異曲同工之妙，沒有全然的絕對。

　　看哪，一道綠光橫掛在天際躍動著！夜空中，沒有各方佳麗群起鬥豔，沒有繽紛色彩，也沒有引人遐想的奇形異狀。但就算只是如此單純的一道綠光，也令人深深著迷。今日因白天行程過多，消耗了大量體力，雖想拿出攝影器具，卻心有餘而力不足。算了，能看到久違的極光，已讓人心滿意足。

　　下一夜，天空晴朗無雲，卻也沒有任何一丁點極光跡象。以伊盧利薩特的緯度而言，是比當前的極光帶分布位置還高了，也就是說，我們「超越」了極光帶，即便在其活躍時，也只是進入極光北邊界限而已。可想而知的是，在這裡要看到大規模的極光活動並不容易，但可以一窺其面貌仍是無庸置疑的。

　　此趟來到格陵蘭的最後一個晚上，我不死心地徹夜守候著，哪怕是不眠不休，也想帶回一點照片留念。晚上10點半，氣溫是寒冷的攝氏4度，外頭是一片寧靜的星空；凌晨1點再次查看，除了氣溫稍微下降外，依然無異。對著天空，我誠心祈禱著，希望上蒼能賜予一些光芒。

①幾束光柱懸置在半空中。
②眾星被畫筆揮毫而過。
③一條光帶從眼前旋繞而去。
④綠光沾染了幻紫色調,打響曼妙舞姿

①	
②	④
③	

128 ｜ 北極・光之旅 ｜

| Chapter 5　冰島、格陵蘭 | 129

凌晨3點半,總算,幾束光柱悄然而至,懸置在半空中,有如神蹟一般。眾星被畫筆揮毫而過,突顯出靈性美。一條光帶從眼前旋繞而去,差點碰觸到屋頂。

　　綠光沾染了幻紫色調,打響曼妙舞姿。只見其上下延伸、旋轉翻動,最後左右分裂、隔空相望,在黑夜裡展現其絕美舞貌。光彩伴隨著閃爍星子傾瀉而下,呈現放射簾幕狀,在浩瀚的夜空下唱著驚心動魄的絕傲孤歌。遠方山丘上,幾道平行光幕斜向流淌著,好似一道道空中屏風,燃燒著如夢似幻的紫色烈焰。

　　清晨5點15分,航海曙光開始嶄露,看著東方星空逐步被晨光吞噬,大抵是時候結束拍攝了。這一晚下來,雖然弄得疲憊不堪,但也打從心底深深地感謝上帝,縱使是在夜最深的時候,也聽見了旅人的聲音。

左右分裂、隔空相望,在黑夜裡展現其絕美舞貌。

▲ 放射簾幕狀極光。
▼ 幾道平行光幕斜向流淌著。

✳ 冰海奇航

在這旅遊重鎮上，當地旅行社提供了一些值得體驗的活動。傍晚來到集合地點，我與一旁來自日本的旅人有說有笑，準備開始這趟為時兩個半小時的冰山遊覽行程。原本以為在健行步道上看過大量冰山後，這次航行大致心裡有底，但事實上是大錯特錯了。

我們一行約十人從碼頭乘坐小船出發，只見海面浮冰越來越多，然後巨大的冰山接踵而至，氣勢萬鈞。比起先前在步道上遠觀，於海中近距離欣賞則是全然不同的感受。這種感受，完全是重溫了過去在南極搭乘小艇穿梭於冰海中的震撼，壯麗無比。

夕陽加入，把原本已是美麗的景象更點綴得出神入化。就連冷酷冰山，也展現出柔情一面，有的鍍上了金色光邊，熠熠動人；有的披上了薄薄橙紗，與背光面形成極其強烈的對比。海面是鏡面，將海上一切景物倒映得栩栩如生，其完美程度，簡直叫人無法置信。這般「日光冰海」的場面，美得令人窒息，在昏黃的天空下，有過之而無不及。

旅人看得入神，靈魂早已被大自然牽去。如果這是一場夢，我希望可以持續沉浸在其中，任由它撥動著心弦，也不生一絲反抗情緒。在夢中，隱約聽到一旁的遊人說：看到這樣的景色，此生無憾了。

▲ 海面是浮冰與冰山的舞臺。
▼ 有的鍍上金色光邊,熠熠動人。

▲ 有的披上薄薄橙紗，與背光面形成強烈對比。
▼ 海面是鏡面。

▲ 「日光冰海」景象。
▼ 天空轉為昏黃。

| Chapter 5　冰島、格陵蘭 | 135

另一場為時七個小時的Eqi冰河之旅，同樣也是十人左右，不過改乘稍微大一點的船。船隻沿著海岸向北航行80公里，過程中也能順道賞鯨。嚮導拿起一塊白色和一塊透明的冰，向大夥兒說明兩者箇中異同。其中白色冰為緊緊壓實、年代較久的；透明冰則為富含氣泡、年代較近的。

越往冰河接近，海面上的浮冰也越多、越密集。最終，我們來到冰河出海口。嚮導拿出以前冰河的舊照，在氣候變遷的影響下，冰河前緣倒退不少，海面浮冰數量也明顯增加了許多。

中午，船隻於此停留兩個小時，船上提供簡單的冷食。寂靜在引擎熄火的瞬間蜂擁而至，內心聲音頓時清晰異常。置身在這片廣袤的冰海中，從船身往外看，無論是近處還是遠方、無論是哪個方向，都布滿了大大小小的浮冰，壯闊之情，溢於言表。

遠方不時傳來冰河裂解聲，當中亦不乏能見到冰山崩裂的聳動景象。轟轟隆隆！只見冰河前緣一處應聲碎裂，產生大小不一的碎塊落下，然後砰砰砰砰地墜入海中！怵目驚心。在這裡，可以切切實實地感受到全球暖化為現在進行式，而環保行動正是當前世界刻不容緩的議題。

▲ 白色冰和透明冰有何不同？
▼ Eqi冰河出海口。

▲ 遠近四周都是浮冰。
▼ Eqi冰河前緣擴大攝影。

| Chapter 5 冰島、格陵蘭 | 137

❄ 極光再現

從格陵蘭返回冰島,恰好與前幾天認識的日本旅人搭乘同一航班。我們共乘一輛計程車從雷克雅維克國內機場返回市中心,眼看我今晚的住宿處先到了,計程車跳表顯示1,950冰島克朗。我拿出鈔票給身旁的夥伴,但他堅持不收,說要幫我一起出,幾句對話後我知道他心意已決,只好連忙道謝及道別。幾次與這位日本旅人相處起來,感覺他既真誠又友善,能在距離東亞如此遙遠的國度彼此相遇,實屬有幸。

晚間,天朗氣清,氣溫來到攝氏6度。就連極光指數預測也出現一致卻也相當罕見的6,或許可以期待一下。在考慮幾個看極光候選地點後,決定步行前往距離最近的太陽航海者。這裡雖無法遠離市區光害,但已是在徒步情況下所能抵達的良好觀測地點。沿著市區街道緩坡而下,路邊店家人聲嘈雜,原來今天是週末。來到海邊,已經有人正在觀賞。天空中淡淡的一抹綠,說明今晚夜空展演早已開始。

晚上的太陽航海者。

左側低空一團綠光突然加深，往右拉伸延展並緩緩上升，過程中保持濃烈的綠，拉出一條極為亮眼的光束，像是飛機起飛的痕跡，霎時間成為萬眾矚目的焦點。幾道光帶隨後出現在天邊，快速動態變化著，引起在場人們歡聲雷動。即使是在岸邊人行道散步的民眾，亦無不駐足觀看眼前上演的一切。

　　一條細窄卻明亮的光從遠方山後往左上方斜向伸出，到達一定高度後，再向右大轉彎，與地面大致成平行，然後擴展開來，看上去宛若一支巨大的螳螂前臂。接著，右側山頭也不遑多讓，一道亮麗的弧冒出山頭後向左方快速延伸，其下緣特別明亮，整體看起來有如一把利刃。其後，利刃中間乍然斷裂，左半部保持原狀往下平移，猶如表演著一場夜空中的光影魔術秀。就這樣高潮迭起，毫無冷場，即使在右側大片城市燈光的影響下，依然清晰可見。

　　隔晚，天空雖有少許雲朵，但大致還是不錯的天氣。這天極光活動不如前一晚來得活躍。透過相機，可觀察到極光一直都存在於天上，但明顯較昨天來得黯淡。午夜，絲狀極光登場，數條光絲靜靜平躺在空中，與太陽航海者的一角合拍，別有一番風味。弧狀極光從北斗勺子旁悠然劃過，代其指向北極星。

　　這次旅行，前半段的天氣讓人一度憂心，所幸後來漸入佳境。在極光帶以北的神祕地帶，夜空同樣令人印象深刻。豐富的自然景觀，無論是從瀑布到荒原、從火山到冰海、從地熱到冰川，還是從黑色沙灘到雪白大地，都使人大開眼界。此外，不管是在冰島還是格陵蘭，只要是與東亞的旅行夥伴交流，就有一股莫名的親切感。

拉出一條極為亮眼的光束。

快速動態變化著,就連在岸邊行走的民眾也駐足觀看。

幾道光帶出現在天邊。

在右側城市燈光的影響下,依然清晰可見。

▲ 宛若一支巨大的螳螂前臂。
▼ 猶如表演著一場夜空中的光影魔術秀。

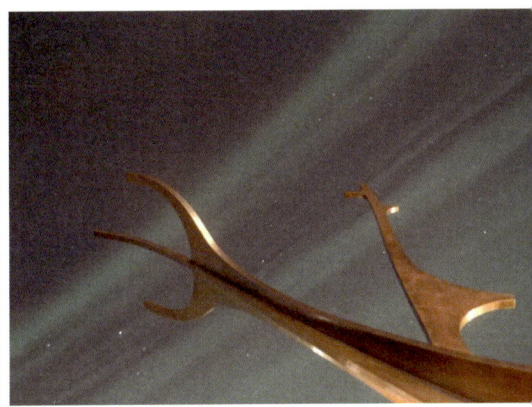

◀ 絲狀極光登場。
▶ 與太陽航海者的一角合拍。

　　凌晨2點多，我持續操作著相機，縱然站著，還是因為太過疲倦而不小心睡著了。夢裡，一道綠光通過天際，依舊絢爛無比。

弧狀極光從北斗勺子旁悠然劃過，代其指向北極星。

附章・極光旅行 Q & A

Questions and Answers about Aurora Travel

✴ 極光如何形成

　　太陽最外層大氣——日冕（Corona），其溫度高達攝氏上百萬度，在如此高的溫度下，氫、氦等原子將被電離成帶電粒子。這些帶電粒子運動速度非常快，使之不斷掙脫太陽引力束縛向外射出，形成太陽風（Solar Wind）。地球磁場在地球周圍形成磁層（Magnetosphere），當往地球方向的太陽風接觸到磁層時，會干擾磁層中的帶電粒子，使帶電粒子被地球磁場導引入大氣層中，與外氣層（Exosphere）、增溫層（Thermosphere）中的原子或分子碰撞而產生電離現象，釋放出不同顏色和複雜程度的光。

　　現時地球磁場大約是與地球自轉軸相差11度的磁偶極場，其於地球上的分布並非固定的，而是會隨著時間緩慢變動。地球磁場在磁極點（磁北極、磁南極）處達到最大，但並非全然均勻、對稱（磁北極、磁南極不在對蹠點上），為了方便起見，我們常以最接近實際地球磁場的模擬對稱磁偶極來看，即地磁極點（地磁北極、地磁南極）。

地球磁場分布示意圖。

太陽風與磁層產生干擾的主要區域，其帶電粒子沿著磁力線到達的大氣層區域，大致是以地磁極點為中心所畫出兩個近似橢圓間的區域，稱為極光橢圓，或極光帶。因為地磁極點與地理極點（地理北極、地理南極）相差不遠，極光帶行經的國家也就都位於較高緯度地區，所以這類自然現象就被稱為「極光」。

　　於北半球觀測到的極光稱為北極光，南半球則稱為南極光。其英文通稱為Aurora，是羅馬神話中黎明女神之意。北極光為Aurora Borealis或Northern Lights，其中Borealis一字源自Boreas，是希臘神話中的北風之神；南極光為Aurora Australis或Southern Lights，當中Australis一字源自Auster，是羅馬神話中的南風之神（相當於希臘神話的Notus）。而除了地球之外，太陽系中大多數行星、一些衛星，甚至是彗星，也會產生極光。

✳ 極光顏色

　　大氣層中的原子或分子因被帶電粒子碰撞而釋放出不同波長的光，產生了不同顏色（除了可見光外，其實也還包含紫外線及紅外線）。大氣在地面主要為「氮分子」，其密度隨著高度增加而逐漸降低。「氧原子」大約在高度80公里以上出現並快速增加，於100至200公里間密度達到最大，之後緩慢下降，在約160公里以上密度超越氮分子。而由於氮分子氣體特性非常穩定，所以氮原子較為罕見。

激發的氧原子回到基態，在低密度時可以輻射出紅光；隨著密度增加，與其他原子或分子碰撞會吸收能量，抑制原本輻射紅光的機制，轉為輻射較短時間即能產生的綠光；當密度更大時，連輻射綠光的機制都被抑制了。氮分子的部分，離子化的氮分子在收回一顆電子時會輻射出藍光、紫光；激發態的氮分子回到基態則是釋放出紅光。

　　在最高的高度，低密度的氧原子占了最大比例，輻射出紅光；隨著高度下降，氧原子密度逐漸增加，轉變為輻射出綠光。這就是極光以紅色、綠色較常見的原因，其中綠光來自高密度的氧原子，加上眼睛對綠光敏感度高，使得綠色極光最為常見。當高度下降到氧原子密度明顯少於氮分子時，離子化的氮分子即扮演主導的角色，輻射出藍光、紫光。而不同顏色的極光混合在一起時，也可以產生其他顏色如粉紅色、黃色等。

　　從上述的原理可知，當我們處於極光活動的正下方時，看到的將以綠色極光為主；如果是位於極光活動較遠的地方看過去，則是看到極光的最上層為主，呈現紅色。由於氣體密度及眼睛對不同顏色敏感度的因素，綠色之外的極光通常是太陽活動較活躍時才會比較明顯。平時位於極光活動較遠處觀看，不見得能直接看到紅色極光，通常是藉由相機長時間曝光才比較能顯現出來。

✵ 極光形狀

　　極光的形狀取決於大氣層中被帶電粒子碰撞的立體區域分布，也與觀測者所處於觀看極光活動的遠近與角度不同

紐西蘭蒂卡波湖（Lake Tekapo）附近拍攝到的紅色為主極光。
（Sebastian Knoll提供）

有關。同一個極光活動，從其正下方、側邊下方及遠方所看到的形狀即不相同。有時候看上去是從低空發散到高空的極光，低空的部分其實是遠方差不多高的位置，若是在另一個方位角上的觀測者，可能就是看到高度差異不大的帶狀極光。

　　極光活動微弱或距離較遠時，通常是黯淡的「輝光」，看上去只有淡淡的白色，用相機才能拍出一點綠色。活動增加時，有時會呈現大面積的靜態「散發狀」，而散發狀極光也可能會左右分裂成不同區塊，若是分裂成數個細小區塊

時,則呈現「絲狀」。常見的還有「帶狀」、有一定程度彎曲的「弧狀」,或整齊一道,或上下波動,也可能旋轉、纏繞成「簾幕狀」。偶爾在天空小區域還會出現「點狀」、「塊狀」。

　　活躍時,因為極光在不同高度層次更多比例地展現出來,可見到脈動式、不斷垂直消長及閃爍的動態「射線狀」極光。比較細小時如「針狀」,比較粗大時則為「柱狀」,互相連結在一起時同樣像是「簾幕狀」,而此時若在極光活動的正下方觀看,則有機會看到「冠冕狀」。

冠冕狀極光。(Pexels提供)

✵ 極光活躍程度

　　太陽磁場活動週期（或稱太陽週期、太陽黑子週期）約為11年，在極大期附近時太陽黑子（Sunspot）數量較多，極小期附近時則較少。太陽黑子是太陽磁場活動使光球層（Photosphere）小區域的對流活動遭到抑制，在表面形成溫度較低的區域。一個太陽黑子可能會在表面持續數天到數個月，且它們時常成群出現。

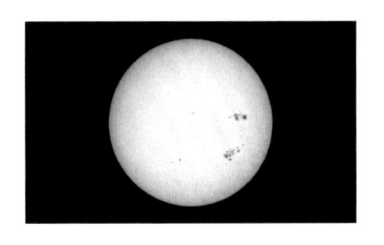

太陽黑子。（WikiImages 提供）

　　太陽黑子數量的增加通常也意味著極光活動的增強，因為磁場異常達到臨界點的區域，會發生閃焰（Solar Flare）及日冕物質拋射（Coronal Mass Ejection）現象，使磁能轉換為熱能及動能，釋放巨大能量，加速帶電粒子射出，形成太陽風暴（Solar Storm）。若是朝地球方向過來，對地球磁場將產生巨大衝擊，形成磁暴（Geomagnetic Storm），造成強烈的極光活動，同時因磁場變化導致地面上的電子設備產生感應電流而受到影響，嚴重可能故障。

　　另一種現象為冕洞（Coronal Hole），是日冕在密度、溫度相對低的地方所形成，可以持續達數個月。此處磁力線不會返回太陽表面，而是延伸到太空中，使帶電粒子沿此開放式磁力線加速往外射出。若是朝地球方向過來，對地球磁場同樣會產生一定影響，但不會像閃焰及日冕物質拋射來得嚴重。

｜附章・極光旅行Q&A｜ 151

太陽自轉週期約為25天，同時考量地球公轉運動的話，會合地球的週期約為27天，這幫助了太陽黑子及冕洞何時會面向地球的預測。但閃焰及日冕物質拋射是突然發生的現象，能提前預警的時間較短。太陽風的速度通常在每秒250至750公里之間，大約數天即可抵達地球，但強烈的太陽風暴速度可能更快，甚至有不到一天就抵達地球的紀錄。

　　即便是短期，太陽活動仍隨時間而起伏變動，因此極光活躍程度也是隨時在變動。我們以極光指數——Kp值，來表示之，該指數是由K-指標（地球磁場水平分量變動程度）演變而來，以0到9之間的整數來衡量全球地磁活動。其數值越高，代表當下地球上空的極光越活躍，極光覆蓋範圍也越大。一般而言，視Kp值＝2為平均值，3至4為活躍狀態，5以上則已達爆發程度。

✷ 極光預報

　　美國國家海洋暨大氣總署（National Oceanic and Atmospheric Administration）太空天氣預測中心（Space Weather Prediction Center）網站提供現時太陽活動狀態、極光分布情形、極光指數、太陽風速度及磁場、日冕物質拋射等資料，其中「Aurora - 30 Minute Forecast」頁面提供30至90分鐘的極光分布位置及強度預報。

　　若是使用行動裝置，可以下載「My Aurora Forecast」這款App，內有極光指數現況及短時間預測、特定地點極光出現機率、極光分布及雲量覆蓋情形等，很適合在戶外觀測極光時使用。

「spaceweather.com」網站呈現目前太陽風速度及密度、太陽閃焰、太陽黑子數量及分布等，並有太空天氣時事報導。「SpaceWeatherLive.com」網站則有當前太陽風速度及密度、極光分布位置、極光指數、太陽閃焰、日冕物質拋射、日冕洞、太陽黑子分布等，資料相當完整。

阿拉斯加大學費爾班克斯分校地球物理研究所（Geophysical Institute）網站「Aurora Forecast」頁面提供3天及27天極光指數預測圖表，及地球上各區域在不同極光指數下，極光帶所經過的範圍及城市示意圖，對於概觀瞭解特定城市在不同極光指數下是否位於極光帶內很有幫助。

長時間的太陽磁場活動週期部分，美國國家航空暨太空總署（National Aeronautics and Space Administration）於「Solar Cycle Progression and Forecast」頁面提供了詳細的進展及預測。前述提到的美國國家海洋暨大氣總署太空天氣預測中心、「SpaceWeatherLive.com」網站，同樣也有關於此方面的說明頁面。

- 美國國家海洋暨大氣總署太空天氣預測中心網站
  - https://www.swpc.noaa.gov/
- 阿拉斯加大學費爾班克斯分校地球物理研究所「Aurora Forecast」頁面
  - https://www.gi.alaska.edu/monitors/aurora-forecast
- 美國國家航空暨太空總署「Solar Cycle Progression and Forecast」頁面
  - https://www.nasa.gov/solar-cycle-progression-and-forecast/

什麼地點適合看極光

儘管在極光帶外約1000公里的極光界線範圍內，仍可平視低空遠方極光帶內的極光活動，但其在空中呈現的範圍、精采程度則不及於極光帶下方。也因此在考慮看極光的國家及城市時，應該在極光指數（Kp值）為2（平均值）時極光帶所經過的地點中做選擇。

構造出極光帶的地球磁場並非全然不變，地磁極點會隨著時間緩慢移動，長時間來看，地球上極光帶的位置也會跟著改變，但短時間則可以視為固定的。

在極光指數平均值下，當前極光帶於北半球經過了**芬蘭、瑞典、挪威、冰島、格陵蘭、加拿大、阿拉斯加、俄羅斯**的部分地區，其中冰島幾乎全境都位於其中。極光帶雖然大致與北極圈行經地帶相仿，但並非完全相同，也不對稱，目前於加拿大緯度來到最低，於西伯利亞來到最高。

南半球的部分，當前極光帶於極光指數平均值下只經過了南極洲部分地區，極光指數為4時，極光界限才觸碰到了紐西蘭及澳洲南端，達到6時，兩地才進入了極光帶。緯度更高、看似也有機會的南美洲，由於目前極光帶行經此處緯度也達到最高，可以說完全不適合。這也是為什麼前往南半球看極光比較不容易，也需要更多的運氣成分。

▲ 極光指數平均值下，當前北半球的極光帶。
▼ 極光指數平均值下，當前南半球的極光帶。

附章・極光旅行Q&A | 155

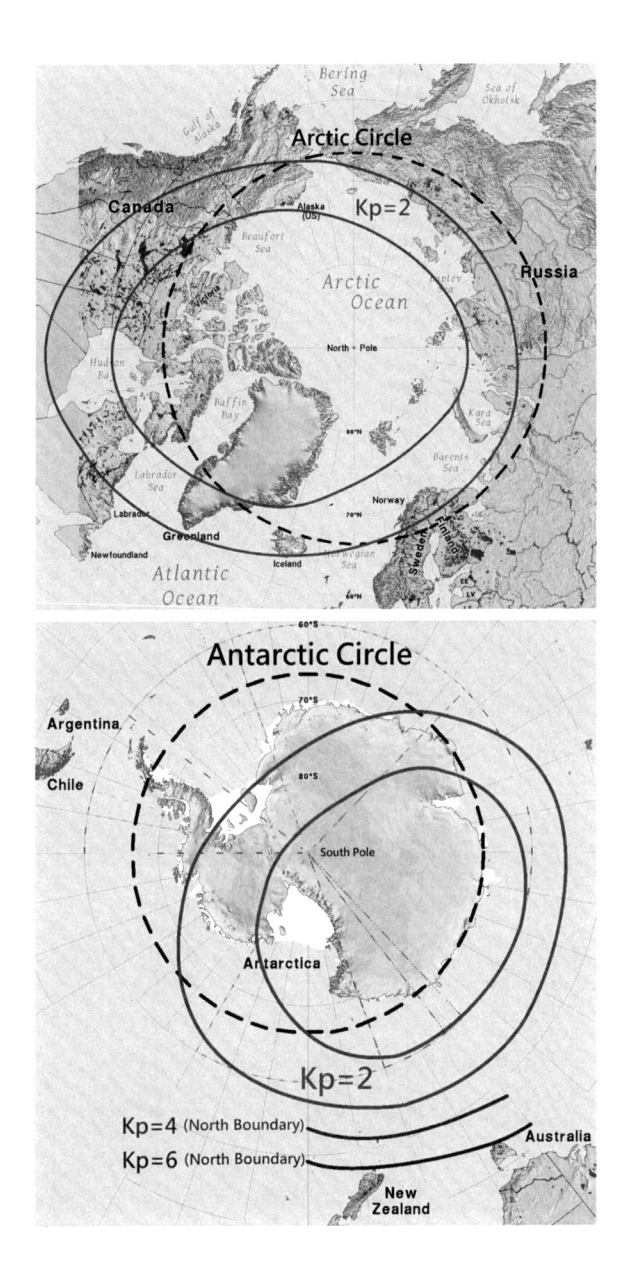

若是前往南極洲，除了旅費高昂外，旅程幾乎都安排在夏季，在沒有黑夜的情況下是無法觀測的；而在紐澳看到的極光，大多也只呈現在低空遠方，出現的頻率亦較北半球低許多。若只是尋求可以看到極光，在旅行天數有限的情況下，南半球自然是比較不建議的。當然，在罕見的極光大爆發時，紐澳也可以欣賞到亮眼的南極光。

　　上述這些都是理論概觀，即時的極光帶是不規則且隨時變動的，對於特定地點來說，有時候在極光指數未達標的情況下也有微小機會可以看到極光；反之在極光指數達標的情況下也有可能沒看到。在規劃觀測地點方面，能在極光帶內便可大幅提升看到的機率，即便不在極光帶的範圍內，最好也不要距離太遠，才能保有看到極光的機會。

　　各個國家、城市的氣候也是在決定地點時需要考慮的部分，例如挪威、冰島因為臨海、北大西洋暖流行經的原因，氣溫不會降到太低，但天氣也比較不穩定、平均雲量較多；阿拉斯加、加拿大內陸地區寒冷許多，但天氣較穩定、平均雲量較少。整體而言，北美氣候相對北歐來得穩定。需要留意的是，同一個地點在不同的季節、月分，氣候狀況也有差異。在決定地點時，需要綜合考量可以接受的氣溫、雲量等因素。

　　至於要在城市內的什麼地方觀測，是以光害低為最大原則，常見如郊區、山區等遠離城市燈火的地方。如果所處城市本身光害就不大，可能只需要避開路燈、車燈、建築燈光等會影響觀測的光源即可。若是當下要判斷光害大小是否適合，只需要看看該處天空的星星可見數量，在同樣是晴天的條件下，可見數量越多表示光害越低、越適合觀測。

其他關於城市內觀測地點的考量因素還有交通方式、安全性、適合拍攝的地景、生活機能方便性等。在行程規劃時事先研究有哪些適合前往的地點（含備案地點），會有很大幫助。如果是自行開車但路況不熟，在時間及距離許可的條件下，不妨於白天先開一遍，順便瞭解可以停車的位置、周邊設施、相機架設地點及景物方位等。

什麼季節適合看極光

就像觀測星空，極光必須在晴朗的黑夜才適合觀賞，但極區附近的國家白天與夜晚長短隨著季節變動而有明顯變化。夏季在緯度比極圈高的地方，甚至會出現永晝現象，就算有太陽短暫落下的時刻，也因仍有曙暮光而無法出現黑夜。因此，夏季是最不適合看極光的季節。黑夜長度十足的冬季相對適合，不過高緯度冬季的低溫相當嚴寒，有些地區在冬季的天候也比較不理想，是需要一併考慮的地方。

在相同時節，黑夜長度隨著城市所在緯度的不同而有所差異。以特羅姆索（北緯69.7度）、伊納里（北緯68.9度）為例，適合看極光的季節為9月中到3月底；緯度低一些的費爾班克斯（北緯64.8度）、雷克雅維克（北緯64.1度），為9月初到4月初；黃刀鎮（北緯62.5度）為8月底到4月中，而Fort McMurray（北緯56.7度）甚至可以來到8月中到4月底。當極光大爆發時，極光帶延伸到緯度更低的地區，使得那些地區在夏季夜晚也有機會觀賞到極光。以澳洲塔斯馬尼亞州南邊的Hobart（南緯42.9度）為例，整年都會有黑夜。

春分及秋分前後，因為太陽風進入地球磁層交角等因素，使其干擾程度達到最大、更容易產生極光爆發。整體而言，極光在春季及秋季的發生頻率也會比夏季及冬季來得高。而秋季氣溫往往又比春季還高一些，對於比較不耐寒的人來說，秋季會是不錯的選擇。當然，特定地點在不同季節的雲量情形也需要一起考量。

看極光方式有哪些

看極光最方便的方式是找一個位於極光帶內、光害低、有戶外腹地空間的住宿區。這樣一來，只要走到戶外就有機會看到極光，不但省下交通往返時間，也無需額外支出前往看極光的費用。住宿區資源取用方便，如果覺得冷，也可以隨時進入屋內。不過住宿本身的費用也是考量點，如果位於山區或偏遠地帶，通常也不便宜。

如果住在有光害的市區，但距離周邊低光害的地點不遠、在步行時間可以接受的範圍內，那或許可以考慮以步行方式前往看極光。適合的地點、路線需要事先研究。由於會有一段時間都處於戶外，禦寒方面的準備就更加重要，此外也需要考量行經路線的安全性。若是氣溫太低而難以忍受的話，這個方式並不適合。

自行開車前往尋找極光是最機動的方式，其最大的好處是：於事前規劃時可以安排多個地點備案，要是當下天氣或極光活動不理想時，便可彈性前往其他地點。不過自己駕駛車輛除了要注意路況安全外，若是距離較長，可能也會有點勞累。此外，也需要花一定時間研究地點、路線，並負擔租

車費用及油資。

　　有些地方，在地業者建造專供遊客前來觀賞極光的園區，以每晚為基本單位收費，最經典的例子便是加拿大黃刀鎮的極光村。如果報名園區的夜觀極光行程，業者會到幾間具有代表性的旅宿接送。除了戶外空間，園區也有室內休息、取暖的地方。雖然有時間限制，但通常也提供自費加價的延時服務。

　　比較常見的在地業者經營方式是極光獵遊團，在購買了套裝行程後，業者會開車到集合點載遊客前往適合觀看極光的地點，通常是附近光害低的山區或郊外，含交通時間約三到四個小時。因為是行車，同樣保有更換地點的彈性空間，不過是由業者決定，且因行程時間而有所限制。另有業者提供客製化的包車服務，讓旅客自行決定行程時間，並提供比較少人知道的私房地點，但價格也會反映於其上。

　　這些在地行程因應天候不佳時的政策，是需要留意的地方。如果天氣多雲，雖不理想但也可能有機會的情況，通常都還是會成行；如果已是大雨或大雪、完全沒希望的情況，做法就不同了。有的一旦你訂購了，就還是會出發、無法退費；有的會提前通知行程取消，退還部分或全額費用。在氣候較為穩定的地區，甚至有業者提出若是連續三天參加他們行程都沒看到極光的話，將會退還部分的費用。

方式	事前規劃	交通方式	交通時間	花費	周邊資源	時間限制	轉移地點彈性
住宿區	少	步行	短	少	多	無	小
短距離步行	中	步行	短或中	少	少	無	小
開車	多	開車	中或長	中	少	無	大
在地園區	少	業者接送	中	多	多	有	小
在地獵遊團	少	業者接送	中或長	多	少	有	中

除了上述提到的，還有一些特別的看極光方式。像是極光玻璃屋，是專為室內觀賞極光所設計的建築型態，價格十分昂貴，與一般住宿區不可一概而論。另外，高緯度地區的郵輪同樣具有看到極光的機會，常見如在挪威沿海航行的郵輪，不過因為在海上，拍攝會比較困難。也有業者推出極光專機，飛至平流層觀看極光，直接免除天氣因素的影響，但是拍攝需透過窗戶、平穩度不比地面，且價格相當可觀。

❄ 極光旅行天數與費用

由於天氣及極光活躍程度的變動特性，建議一趟旅行至少要有三個夜晚可以觀測極光。天數越多，看到的機率就越大。若是在天氣比較不穩定的地方，或極光指數較大才會進入極光帶的地區，最好也能安排更多的天數。整體旅行天數還包含了來回搭機、轉機、旅程中長距離移動的交通時間，以及其他不是看極光的行程。以從臺灣出發為例，就算只是專程看極光，最少也要有大約一週的時間。

至於費用，依看極光的地點、天數、方式、其他行程安排而有差異。不同看極光方式的費用前面討論過了；天數的部分，越多天總開銷當然也越大，但因平時極光帶內的地點離臺灣都有一定距離，而距離遠的地點機票價格較高、通常都占了一定比例的旅費，如果天數增加，可以拉低平均每天的費用，這也是為何許多人對於較遠的地點會安排較多天數的原因。

　　地點影響費用的部分，就旅行整體開銷來看，平均而言，以從臺灣出發為例，**俄羅斯**為機票、物價都相對低的地方，是想看極光又兼顧旅費的好選擇，但當地多不諳英語，溝通較為不便，簽證手續也比其他國家麻煩一點。北歐因為在其他行程方面選擇多，通常整體費用較**阿拉斯加**、**加拿大**高。而北歐各國間的物價比較，又以**瑞典**、**芬蘭**較低，**挪威**、**冰島**較高。至於遙遠的**格陵蘭**，就算是從旁邊的冰島前往，機票價格也非常高昂。

提升看極光成功率

　　按照前面所述，依據極光帶、氣候、光害等因素選擇適當的地點，於適當的季節、以適當的方式、安排適合的天數，都能提升看極光的成功率。其中光害的部分，還有一個需要注意的是月相。在滿月前後，月亮幾乎整夜都在空中，夜空星星可見數量明顯減少，同時影響極光能見程度，攝影時也比較不方便。在下弦月─新月─上弦月這半段月亮週期觀測極光較為理想，上、下弦月時，至少有一半的夜晚沒有月亮；新月前後則無疑是最佳的時機。

啟程前留意接下來幾天的「天氣預報、極光指數預測」，以便提前瞭解每天可能的天氣狀況、極光活躍程度，先有個心理準備，必要時也可以調整部分行程。看極光時則有兩個好幫手——「雲量即時預測、極光活動即時預測」，例如前面提到的「My Aurora Forecast」App就兼具兩者功能。同樣是就特定地區當前及未來短時間內做預測，前者提供雲量覆蓋率、覆蓋範圍與變化情形，後者則提供極光指數、活動範圍及變動趨勢。

　　看極光前適當的休息也很重要。由於觀測活動時常持續到深夜、凌晨，如果觀測之前沒有足夠的休息，當下可能會覺得身體過於疲累。若是評估夜晚可能會觀測比較久時，不妨先於白天安排休息時間。另外，看極光的環境大多氣溫較低，禦寒方面的準備自然就不可少。要是在極光正爆發時，卻因太累或太冷而無法堅持下去，那就太可惜了。

　　最後要提的是太陽磁場活動週期，在極大期前後年分去看極光，確實有更大機率欣賞到更加活躍的極光。但平常如果想看極光，其實比較不需要考量這個長期因素。地球上空隨時都可能有極光活動，就算在極小期時，仍有許多出色的表現。

✦ 如何拍攝極光

　　使用有手動模式的相機、腳架，採用廣角鏡頭（如為變焦鏡頭則調整到廣角端）、最大光圈（建議至少要f/4），對焦在無窮遠處。先以一個感光度（ISO）開始（如800），配合不同秒數的快門測試（如20秒），依拍出來的成果上下

調整快門數值，直到曝光時間剛好為止。此時如果覺得曝光時間等候太久，可以調高感光度換取縮短快門時間。

不過，感光度越大雜訊也會越多，端看能接受的程度，如果雜訊太多就需要降低。這個「能接受的程度」沒有標準值，有賴自行測試。因為同樣的感光度對不同相機來說，雜訊多寡也不一樣，感光元件越好，雜訊就越少，能接受的感光度就越高。

由於極光亮度、移動速度都不斷在變化，所以沒有一組標準不變的相機設定值。如果極光較為黯淡，就需拉長快門或調高感光度；如果很明亮，就是縮短快門或降低感光度。若是靜態的極光，可以拉長快門、降低感光度來追求畫質；要是轉趨動態，此時就要以「快門時間短」為優先原則，拍出來的照片才不會太模糊。只要累積多次操作經驗，你也可以熟悉自己相機在不同情境下的理想設定值，減少測試時間。

為了在拍攝時不晃動到相機，可以使用快門線或拍攝倒數計時功能，並關閉「防手震」以節省電力。另一項「消除雜訊」功能可以視自身需求選擇是否關閉，雖然確實有助於降低雜訊，但因曝光多久，大致就要再花相同時間來處理雜訊，而處理雜訊的時間什麼都無法操作，這會影響拍攝下一張照片的間隔。靜態極光還好，動態極光影響就特別大。在相同時間內，如果關閉消除雜訊功能，就可以拍攝比原本多一倍的照片。

相較於一般常用的JPG檔案，如果可以將照片儲存為RAW或RAW+JPG檔，保留最原始照片資訊，這樣一來便保有後製調整細節的空間，其中也包含了減少雜訊的部分，是

前面提到關閉消除雜訊功能時的一種補償做法。此外，別忘了攜帶足夠容量的記憶卡、備用電池。低溫環境下，電池損耗電力的速度會加快，對電池做出適當保暖措施將會有所助益。

　　在取景方面，地景是天文攝影中的重要元素，如果照片中只有天空畫面，就比較單調一點。無論是雪地、山峰、樹木、房屋或藝術造景，都可以作為攝影構圖裡的部件。若是拍膩了一般攝影方式，也可以嘗試將極光與人物合影（利用閃光燈或手電筒），或是拍攝更廣的天域（如使用魚眼鏡頭、超廣角鏡頭），以及動態感十足的縮時攝影。

魚眼鏡頭下的極光。（Vincent Guth提供）

後記

　　旅行越多,看見的世界越廣,越讓人覺得謙虛。遼闊的大地、廣袤的荒原,一再地提醒我們是切切實實地生活於大自然之中。當今在高度城市化的社會裡,有人忘卻了與自然相處的感覺,也有人不曾看過整片繁星的天空。

　　回顧這些尋找極光的旅途見聞,許多仍是歷歷在目。那些光彩於夜空中生動的舞姿,依舊叫人回味無窮。不論是想到在基律納車上第一次遇見極光的那一刻,還是在伊盧利薩特深夜守候時,天空忽然浮現幾束光柱的那一瞬間,心中都還是有興奮雀躍的感覺。

　　如果你也想去看極光,希望在閱讀完本書之後,對於各個國度的概況已經有一定的認知;對於比較想前往的地點,也有一些想法了。極光究竟有沒有靈性?這答案可能我說了不算,要你實際體驗過才知道。如果還沒看過極光,不妨就開始著手規劃吧!最後,衷心祝福一切順利。

釀旅人54　PE0220

北極・光之旅：
從基律納到伊盧利薩特，那些夢幻國度的尋光際遇

作　　　者	廖冠翔
責任編輯	吳霽恆
圖文排版	楊家齊
封面設計	王嵩賀

出版策劃	釀出版
製作發行	秀威資訊科技股份有限公司
	114 台北市內湖區瑞光路76巷65號1樓
	電話：+886-2-2796-3638　傳真：+886-2-2796-1377
	服務信箱：service@showwe.com.tw
	http://www.showwe.com.tw
郵政劃撥	19563868　戶名：秀威資訊科技股份有限公司
展售門市	國家書店【松江門市】
	104 台北市中山區松江路209號1樓
	電話：+886-2-2518-0207　傳真：+886-2-2518-0778
網路訂購	秀威網路書店　https://store.showwe.tw
	國家網路書店　https://www.govbooks.com.tw
法律顧問	毛國樑　律師
總 經 銷	聯合發行股份有限公司
	231新北市新店區寶橋路235巷6弄6號4F
	電話：+886-2-2917-8022　傳真：+886-2-2915-6275

出版日期	2025年3月　BOD一版
定　　價	480元

版權所有・翻印必究（本書如有缺頁、破損或裝訂錯誤，請寄回更換）
Copyright © 2025 by Showwe Information Co., Ltd.
All Rights Reserved

Printed in Taiwan

讀者回函卡

國家圖書館出版品預行編目

北極.光之旅：從基律納到伊盧利薩特,那些夢幻國度的尋光際遇：Northern lights journeys around the globe / 廖冠翔著. -- 一版. -- 臺北市：釀出版, 2025.03
　　面； 公分. -- (釀旅人；54)
BOD版
ISBN 978-626-412-037-1(平裝)

1. CST: 旅遊文學　2. CST: 極光　3. CST: 北極

778.9　　　　　　　　　　　　　　113017712